EL DESPERTAR DE LOS DEMONIOS

EL DESPERTAR DE LOS DEMONIOS

La crisis del euro y cómo salir de ella

Jean Pisani-Ferry

Traducción de Manuel Serrat Crespo

Antoni Bosch ◯ editor

Antoni Bosch editor, S.A.
Palafolls 28, 08017 Barcelona, España
Tel. (+34) 93 206 0730
info@antonibosch.com
www.antonibosch.com

Título original de la obra:
Le réveil des démons
La crise de l'euro et comment nous en sortir

«Le reveil des demons» de Jean PISANI-FERRY
© LIBRARIE ARTHEME FAYARD 2011
© 2012 de la edición en español: Antoni Bosch editor, S.A.
© de la fotografía de la cubierta: Album / DEA / G. DAGLI ORTI

ISBN: 978-84-95348-84-5
Depósito legal: B-2.244-2012

Diseño de la cubierta: Compañía
Fotocomposición: Impderedigit
Corrección: Andreu Navarro
Impresión: Novoprint

Impreso en España
Printed in Spain

Índice

Prólogo a la edición española

Desde una perspectiva histórica, la gestión de la zona euro durante los últimos años será, sin duda, uno de los mayores errores en política económica. Durante la primera década de la moneda común, los dirigentes europeos fueron incapaces de poner freno a la acumulación de desequilibrios y de prevenir los riesgos. Luego, su gestión de la crisis, una vez se hubo declarado en Grecia a finales de 2009, transformó gradualmente lo que inicialmente fue un incidente periférico en un cuestionamiento de carácter existencial. Aunque acabaron tomándose decisiones difíciles, demoradas durante mucho tiempo, el coste de estos errores ya es actualmente considerable y tiene todos los números para agravarse aún más, muy especialmente en la Europa del sur.

¿Qué lecciones sacar de todo ello? Con demasiada frecuencia, esta crisis se ha venido leyendo a través de un prisma único y, como mínimo, parcial: el de la indisciplina presupuestaria de algunos Estados. Para la opinión pública de la Europa del norte, y para muchos de sus dirigentes, los extravíos presupuestarios griegos resumen todos los males de la Europa del sur. Esa engañosa lectura inspira una medicina inadecuada que hace hincapié, sólo, en la aplicación de las normas del Pacto de Estabilidad, como si la misma idea de este pacto no estuviera también en cuestión, y como si todos los problemas tuviesen su origen en la mala gestión de las finanzas públicas. Es evidente que los quebrantamientos de la disciplina presupuestaria, de los que Grecia fue culpable, son inaceptables y que el sistema de supervisión presupuestaria tenía que reforzarse. Es evidente que es indispensable enderezar las finanzas españolas, italianas o francesas. Pero cuando este programa se haya llevado a cabo, ¿habremos eliminado la múltiple vulnerabilidad de la zona euro? Creerlo sería un error.

Para aprender las lecciones de la crisis, y evitar que ésta vuelva a producirse, es preciso ir más allá de los síntomas evidentes y de los remedios convencionales. Es preciso, por ejemplo, explicar por qué un sistema económico perfectamente simétrico, que ponía a todos los países en el mismo plano, ha acabado restaurando la posición destacada de Alemania y colocando en una posición subordinada a todos los demás países. Es preciso comprender por qué el capital se lanzó, al principio, del norte hacia el sur de la zona euro, alimentando así la explosión del crédito, antes de retraerse brutalmente. Es preciso reconocer que la perversa independencia entre Estados y bancos fragiliza a los unos y los otros, y conduce a los inversores a huir de la deuda pública. Es preciso advertir que, en situaciones presupuestarias idénticas, el régimen monetario y financiero vigente hace a los Estados que participan en el euro más frágiles que los que permanecieron fuera. Es preciso, por fin, determinar cuál de las respuestas que hoy se debaten –pacto presupuestario, intervenciones del banco central, reforma de la regulación bancaria, eurobonos– es la mejor para poner remedio a estas fragilidades. Desgraciadamente, la discusión sobre todos estos temas queda, con excesiva frecuencia, reducida a los expertos, carece de resonancia y de vigor.

Sin embargo, la urgencia no impone sólo reformar el sistema. No basta actuar a largo plazo, es igualmente importante, al menos, restaurar la competitividad de las economías que permitieron que se degradara y encontrar el camino para una recuperación del crecimiento. En este plano, las iniciativas han sido, hasta hoy, notablemente insuficientes, y la mera idea de una estrategia común que vaya más allá de los esfuerzos individuales de reforma es puesta en cuestión por algunos. Ciertamente, estos esfuerzos son indispensables. Ciertamente, la experiencia –incluso, recientemente, en Italia– sugiere que con unos gobiernos propensos desde siempre a retrasar las decisiones dolorosas, las dificultades macroeconómicas y la presión de los mercados son, sin duda, un acicate necesario. Pero una cosa es decir que este o aquel país debe pasar individualmente por el aro y otra es creer que toda la Europa del sur puede someterse simultáneamente a esta prueba. España, Italia y Francia representan conjuntamente casi la mitad de la zona euro. Cada uno de estos países puede, individualmente, sacar partido de una estrategia de austeridad y devaluación interna, pero es mucho más difícil imaginar que vayan a lograrlo simultáneamente sin el decidido respaldo de toda la zona euro. El desafío, para los europeos, es encontrar el equilibrio entre la exigencia individual y la dinámica colectiva.

Enero de 2012

La verdadera cuestión

«Was ist die wirkliche Frage?» ¿Cuál es la verdadera cuestión?
El 26 de julio de 2011, con un sentido por completo alemán de la planificación, los animadores del Frankreichzentrum de la Universidad de Friburgo me invitan para indicarme, con seis meses de adelanto, lo que esperan de mí. Me han ofrecido que inaugure su asamblea anual, en diciembre, y, también con un modo por completo alemán de interrogarse sobre las lejanas consecuencias de las decisiones inmediatas, me piden que analice las implicaciones de las iniciativas de salvamento de la zona euro que se suceden desde hace meses.

No somos economistas, me dicen, y no comprendemos ya a dónde nos lleva todo esto. Nuestra canciller, la señora Merkel, nos ha dicho que para salvar nuestra moneda era necesario ayudar a nuestros socios, pero eso no formaba parte del contrato que pactamos al principio con ellos. Nuestros economistas nos dicen que vamos directamente hacia una «unión de las transferencias», como entre ambas Alemanias, ¿pero por qué es necesario que paguen los trabajadores alemanes en vez de los griegos acaudalados? Los franceses nos dicen que debemos dotarnos de un gobierno económico común, pero no comprendemos qué significa eso. ¿No fue el euro impuesto demasiado pronto a unas economías demasiado dispares? ¿Sociedades que se ignoran unas a otras pueden seguir teniendo una moneda común? ¿Pueden reanimar su proyecto de unión, y con qué condiciones? ¿O pueden divorciarse, y a qué precio? Sí, realmente, *¿cuál es la verdadera cuestión?*

De camino, al regresar, se me ocurre la idea de este libro. Desde hace largos meses, con mis colegas del *think tank* Bruegel, he intentado elaborar respuestas a la crisis europea. Hemos evaluado la solvencia de Grecia y sopesado la salud de los bancos europeos. Hemos imaginado fórmulas complejas para reducir las deudas de los Estados, fortalecer la capacidad de intervención financiera de Europa o crear *eurobonos*. Hemos desmenuzado la gobernanza de la zona euro y analizado los hechos y gestos del Fondo Monetario Internacional (FMI). Hemos evaluado, criticado, propuesto, exhortado. Hemos organizado múltiples seminarios en los que expertos y hombres de decisión han confrontado sus soluciones, e incluso un juego de estrategia para verlo un poco más claro. La más de una docena de acrónimos indescifrables que ha inventado Europa para intentar conjurar la crisis nos es tan familiar como las fórmulas gnósticas lo eran a los alquimistas de la Edad Media. En resumen, nos hemos sumergido en la técnica. Evidentemente, era necesario. Es nuestro papel.

El encuentro de Friburgo, sin embargo, me confirmó que la cuestión no es principalmente técnica. Cuanto más profunda se hace la crisis, más se precisan las amenazas sobre la supervivencia del euro y más político se hace el asunto. Tras las cifras, los mecanismos y los procedimientos, los interrogantes se refieren, cada vez más, a los principios: el vivir juntos, la solidaridad, la democracia. Ahora bien, precisamente cuando los dirigentes deben tomar decisiones políticas primordiales, los ciudadanos ven cada vez con menor claridad los términos de las opciones.

Su perplejidad es comprensible. Les habían dicho que los demonios se habían calmado –que estaban domados incluso. El euro no les había protegido de la crisis de los *créditos basura*, pero al menos –eso creían– había evitado crisis monetarias como las que habían acompasado los años 1990. Sin él –se decía por aquel entonces– la cosa habría sido mucho peor. Al amparo del trauma financiero de 2008, los Estados habían prevalecido de nuevo sobre los mercados financieros. Frente a los peores choques, las políticas económicas habían sabido conjurar la depresión. Por lo que se refiere al egoísmo nacional, los europeos lo habían enterrado dando a luz esa moneda. Y he aquí que, sin embargo, tres años más tarde, todos esos demonios se desenfrenan ante sus ojos en una infernal zarabanda.

Desde hace dos años, los dirigentes europeos fingen dominar lo que no supieron evitar. Está claro que no escatiman esfuerzos y, es evidente, algo esencial se decide en esas repetidas cumbres que acompasan la actualidad. Pero los ciudadanos no entienden nada de esos comunicados con los que se trata de apagar el incendio a fuerza de proclamas definitivas, de procedimientos herméticos y de inventos lexicográficos. Por lo que se refiere a los centenares de miles de millones de euros que se movilizan con el mismo objetivo, no comprenden ya para qué sirven, no saben si se trata de préstamos o de donaciones y no captan si les protegen o les empobrecen.

En las calles de Atenas se quema la bandera europea, y en Dublín no lo hacen más por contención que por sentimiento. Pero sin duda es entre los alemanes donde el temor resulta más palpable. Todo el mundo mira su país como aquél en el que el euro ha tenido éxito. A pesar de que la economía aminore su velocidad, el éxito económico sigue siendo insolente y su índice de paro notablemente bajo. Alemania tampoco es presa de una crispación egótica. Al contrario de lo que ocurre en Finlandia o en los Países Bajos, el nacionalismo y el populismo no recaudan en las urnas. Sin embargo, el desconcierto es profundo. Los alemanes tienen la impresión de que sus socios han hecho trampa y se les pide ahora, a la vez, que paguen por las faltas de los demás, que cambien las reglas para cubrir esas carencias y que se comprometan más todavía en una solidaridad cuyos límites no ven.

Los franceses, cuya situación económica no es tan buena, son más ambivalentes. Un día se asimilan a los griegos, al día siguiente a sus acreedores. Esta crisis, que afectaba a la periferia europea, fue acercándose un mes tras otro. No se atreven a imaginar que su Estado, a su vez, se verá sin capacidad para financiarse. En todo caso, se arriesga a perder su famoso AAA, y no pueden excluirse guiones más sombríos aún. Tienen la sensación de asistir como espectadores a una indescifrable partida en la que están jugándose su prosperidad y su autonomía. La crisis del euro simboliza, a su modo de ver, el fracaso de quienes les gobiernan. Aguza su furor contra las élites y su rencor contra los bancos. Y son numerosos los que se preguntan si, a fin de cuentas, no sería necesario poner fin a esa experiencia monetaria.

Ante los primeros asaltos, era inevitable un divorcio entre los ciudadanos y quienes toman las decisiones. El tiempo de las intervenciones urgentes es el de los mercados financieros, a los que debe convencerse y, a menudo, adelantar. No es el de la toma de conciencia colectiva ni el del debate democrático. Eso justifica a veces las decisiones apresuradas, con el riesgo de poner en juego, sin suficiente deliberación, sumas que desafían la imaginación. Pero este estadio se ha superado. En este juego Europa habría podido tener éxito, pero ha fracasado. Se mostró dramáticamente lenta para superar sus vacilaciones, resolver sus diferencias, actuar. Siempre hizo demasiado poco, demasiado tarde, y dilapidó así su capital de credibilidad. Ha transformado una crisis periférica en crisis existencial.

Paradójicamente, son hoy los mercados financieros los que reclaman claridad política. Para todos aquellos que, de Nueva York a Singapur pasando por Londres y París, deben decidir cómo invertir los capitales que gestionan, la verdadera cuestión no es saber si Grecia va a pagar sus deudas o si el Banco Central Europeo seguirá comprando obligaciones italianas. La verdadera cuestión es saber qué quieren hacer los europeos con su moneda y, sobre todo, qué quieren hacer juntos. El debate democrático sobre las respuestas a la crisis del euro no es sólo políticamente necesario. Es económica y financieramente indispensable.

Mi ambición, con este libro, es contribuir a este debate: recordar, primero, de qué historia es heredera nuestra moneda; intentar, luego, hacer legible esta crisis de la que, a menudo, sólo se percibe el ruido y la furia; explicitar, finalmente, los términos de las opciones que se nos ofrecen.

París/Bruselas,
20 de octubre de 2011.

Primera parte

La utopía en cueros

1

El día en que el euro dejó de aburrir

«Nuestra ambición, en el Banco de Inglaterra, es ser aburridos», proclamaba en 2000 el gobernador Mervyn King. Sus colegas de la zona euro no tenían humor bastante para utilizar también esta fórmula pero, en el fondo, estaban por completo de acuerdo.

La moneda, en efecto, está para ser olvidada. Cumple su función cuando mide el valor de los bienes de modo tan fiable, casi, como el sistema métrico de las longitudes, y sirve modestamente de vehículo para los intercambios o de instrumento para las inversiones. Cuando se empieza a hablar de ella, algún problema existe. Cuando ocupa las mentes, hay algún peligro. Al parecer, Lenin, que dominaba estas materias, dijo que el mejor modo de destruir los fundamentos de una sociedad es socavar su moneda. Apócrifa o no, la formulación es acertada. De la Alemania de Weimar a la Argentina contemporánea, la historia económica está llena de cataclismos sociales provocados por errores en la gestión monetaria.

Durante diez años, de 1999 a 2008, el euro fue tan aburrido como era posible. La transición entre las antiguas monedas y la nueva resultó impecable. Los dirigentes del Banco Central Europeo (BCE), la institución creada para dirigir la nueva moneda, se mostraban sentenciosos y soporíferos. La inflación era casi inexistente. Y los tipos de interés eran, a fin de cuentas, bajos. Ahí estaba, claro, la tasa de cambio con el dólar, demasiado débil unas veces y demasiado fuerte otras, pero incluso los franceses, a quienes obsesiona el valor de su divisa, habían acabado acostumbrándose a sus fluctuaciones. Parecía un brillante éxito.

A decir verdad, los consumidores no tenían exactamente la misma percepción de la inflación que los estadísticos. Para muchos de ellos, la introducción del euro se había traducido en un alza de los precios. Tras haber rehecho sus cálculos, los estadísticos habían llegado a la conclusión de que los consumidores daban una excesiva importancia a las compras diarias de poco valor. Aunque los precios de los televisores y la ropa habían seguido bajando, los del café en el bar, el periódico o el pan se habían redondeado con el cambio de unidad. Eso seguía muy grabado en las memorias, tanto más cuanto, con el tiempo, todo el mundo acababa comparando los precios de hoy con el recuerdo de los de hacía quince o veinte años. Pero esos bienes o servicios representaban sólo una pequeña proporción del consumo total. En realidad, los precios permanecían muy estables.

Sin embargo, subterráneamente, las tensiones se acumulaban. En vez de convergir tras el paso al euro, las economías habían comenzado a divergir. Mientras que Alemania se imponía penitencia tras el boom que siguió a su unificación, Irlanda y España vivían en plena euforia. Al provocar un bajón en sus tipos de interés, la entrada de esos países en el euro había aliviado de pronto el fardo de su deuda pública, y liberado el crédito. El Estado no necesitaba ya aumentar los impuestos para equilibrar su presupuesto, y las familias podían endeudarse para consumir o construir. En Grecia no era ya euforia, sino embriaguez pura y dura, con la irresponsabilidad en la gestión pública, camuflada por el maquillaje de las cuentas, como corolario. En Portugal y también, ampliamente, en Italia, se trataba más bien de letargia, con un crecimiento económico desesperadamente débil. En Francia, por fin, la demanda interior era dinámica, y el país creía haber resuelto su problema de competitividad con respecto a Alemania. En definitiva, la media era estable, pero ocultaba persistentes divergencias, incluso de los ritmos de inflación. Mientras que, con el fin de calificarse para el euro, todos habían tenido que demostrar que eran capaces de someterse a la estabilidad de los precios, las diferencias aumentaban de nuevo. Estas divergencias, evidentemente, habían sido descubiertas. Ya en 2005 los economistas las debatían. No obstante, el BCE nada podía hacer. Su mandato era el de gestionar la zona euro como un todo, no los países uno a uno, y su único modo de actuar era encauzando los tipos de interés. Si hubiera recibido una misión distinta habría resultado impotente por lo demás, pues no se gestionan por separado varias economías distintas con un solo tipo de interés. A su presidente, Jean-Claude Trichet, no le quedaba más que el verbo. No se privaba, para alertar a los ministros de los países del euro, de exhibir muchos gráficos, insistiendo en las curvas divergentes. Con muy pocos resultados.

Los gobiernos, por su parte, habrían podido actuar, y de múltiples modos: habrían podido, según los casos, ajustar la regulación del crédito, que seguía siendo un asunto nacional; reducir o aumentar el gasto público; modificar la fiscalidad; estimular la creación de empresas; reformar las cláusulas de ajuste de los salarios; y muchas cosas más. Pero no se sentían muy inclinados a hacerlo. Alemania quería recuperar su competitividad, y no deseaba desviarse de su trayectoria. Por lo que a los demás se refiere, no veían la necesidad de intervenir. Sus déficits exteriores, que tanto les habían obsesionado, parecían ahora tan desprovistos de significado como los de Bretaña o Sicilia. Y los mercados financieros, que les habían hecho temblar, parecían pensar que la magia del euro había metamorfoseado a los españoles en alemanes y a los griegos en finlandeses. Las diferencias de tipo de interés sobre la deuda de los Estados eran tan minúsculas –unas décimas de punto como máximo– que no valía la pena prestarles atención.

Las instancias europeas, Comisión y Eurogrupo (el Consejo de ministros de Hacienda de la zona euro), y el Fondo Monetario Internacional (FMI) habrían podido dar la alarma. Era su papel. Pero los primeros se centraban sólo en el respeto a las normas presupuestarias del Pacto de Estabilidad, que situaban el problema griego al mismo nivel que los de Francia, Italia o los Países Bajos (puesto que las cuentas eran falsas), y no advertían nada anormal en Irlanda ni en España. Escaldados por un anterior intento de recomendación a Irlanda, que el gobierno de este país había decidido ignorar, no se atrevían a intervenir ni para avisar a España de los peligros del frenesí inmobiliario, ni para conminar al gobierno portugués de que redujera el déficit exterior. Y era simplemente inconcebible amonestar a Alemania. Por lo que se refiere al FMI, la novedad del euro parecía haberle hecho olvidar decenios de experiencia en las crisis y todo su saber en las señales de alarma. Los perros guardianes permanecían silenciosos. Gobiernos, mercados y organismos de supervisión se habían sumido todos en la misma indolencia y eran víctima de la misma ilusión, según la cual el euro había puesto Europa al abrigo del riesgo.

Todo comenzó a cambiar a finales del mes de julio de 2007 con el inicio de la crisis financiera. El euro no desempeñaba evidentemente papel alguno en la debacle de los *créditos basura* norteamericanos, y no había desempeñado papel alguno en el desarrollo, sobre la base de esos créditos, de productos financieros tóxicos que los bancos europeos habían suscrito en masa. El espasmo bancario, sin embargo, iba a revelar la debilidad de los mecanismos europeos de gestión de las crisis. Los bancos tuvieron de pronto miedo y cada cual comenzó a preocuparse por la salud financiera de todos los demás. En la incertidumbre con respecto a la solidez de sus contrapartidas, de pronto, dejaron de prestarse mutuamente.

Aunque el BCE se mostró de entrada a la altura del problema, cambiando sus procedimientos para prestar a los bancos tanto como necesitaban para permanecer a flote, no puede decirse lo mismo de los gobiernos ni de los reguladores nacionales. A pesar de los repetidos compromisos de compartir información y cooperación, cada uno de ellos procuró ocultar sus naipes. La mayoría de los gobiernos pretendieron que sus bancos tenían buena salud y que los problemas procedían del vecino. Para evitar un pánico de los impositores, Irlanda anunció sin consultar con nadie una garantía de todos los depósitos bancarios, lo cual provocó el furor de socios inquietos ante la perspectiva de una fuga de depósitos hacia Dublín. Por lo que se refiere a los bancos, los mismos que ayer abogaban por la internacionalización y se afirmaban liberados de cualquier tutela se volvieron hacia sus gobiernos nacionales con la esperanza de conseguir su ayuda. Se comprendió entonces, de acuerdo con la fórmula atribuida a Mervin King –de nuevo él–, que los bancos viven globales (o europeos), pero mueren nacionales. Y se descubrió al mismo tiempo que el incumplimiento de un solo banco importante podía poner en cuestión la estabilidad financiera del conjunto de la zona euro, pero que la supervisión de los riesgos seguía siendo competencia casi por completo nacional.

El 16 de octubre de 2009 el euro dejó definitivamente de ser aburrido. Aquel día, en Atenas, el primer ministro recién elegido, Georges Papandreu, anunció que las cifras del déficit y de la deuda comunicadas regularmente a Bruselas por su predecesor, Kostas Karamanlis, eran groseramente falsas. Su objetivo era, claro está, político:

culpaba así a Karamanlis y justificaba el hecho de no cumplir ninguna de las promesas de gasto que imprudentemente había hecho durante su campaña electoral. Pero, a partir de aquel momento, la tectónica lenta del precedente decenio desembocó en unas sacudidas en cadena. Brutalmente, los inversores abandonaron su indolencia, volvieron a hacer sus cálculos y llegaron a la conclusión de que la deuda griega era, decididamente, mucho más arriesgada que la deuda alemana. Por consiguiente, a partir del mes de diciembre, Atenas pagaba sus préstamos dos puntos de interés más caros que Berlín, y en abril de 2010 fueron cuatro. Ya puestos a ello, las diferencias de los tipos entre buenos y malos prestatarios comenzaron a ampliarse en el seno de la zona euro. La primera víctima fue Irlanda, donde el coste del salvamento de los bancos resultaba astronómico, seguida por Portugal, donde la ausencia de crecimiento hacía dudar de la capacidad del país para pagar sus deudas.

A escala del euro, el asunto griego era de pequeñas dimensiones. Sin embargo, iba a revelar con crudeza el carácter inconcluso de la construcción monetaria europea y la magnitud de los desacuerdos sobre el modo de completarla.

Se advirtió de entrada que nada estaba previsto para ayudar a un país en dificultades. Como si la calidad de los dispositivos antiincendio dispensara de mantener un cuerpo de bomberos, los europeos no habían previsto nada que permitiera impedir la quiebra de un país brutalmente apartado del acceso al crédito. A las peticiones de ayuda, cada vez menos discretas, de Georges Papandreu, respondió una cacofonía integral. Algunos, especialmente en Alemania, pensaban que una quiebra sería saludable porque serviría de ejemplo. Otros proponían que Europa se limitara a dejar que interviniera el FMI, pero otros –especialmente el BCE y Francia– opinaban exactamente lo contrario: para ellos, recurrir al FMI era reconocer un fracaso, señal de una grave dimisión europea. En mayo de 2010, para llegar a un acuerdo y pactar el principio de una ayuda financiera conjunta del FMI y de la zona euro, fueron necesarios largos meses, salpicados de declaraciones unánimes, solemnes y sin contenido ni efecto –salvo el de socavar poco a poco la credibilidad, inicialmente considerable, de los dirigentes europeos.

Decidido ya el principio de un préstamo a Grecia, quedaba ponerse de acuerdo en las condiciones. Para tranquilizar a los que, en

Alemania, veían en la ayuda financiera una peligrosa incitación al laxismo, fue acompañado no sólo por estrictas condiciones económicas, sino también por tipos de interés punitivos. Suponía actuar como esos organismos de crédito que refinancian a las familias en exceso endeudadas con intereses tan elevados que las precipitan infaliblemente a la quiebra. Fue necesario más de un año, de mayo de 2010 a julio de 2011, para que se reconociera esa evidencia y el interés de los préstamos se rebajara.

Entretanto, la situación se había agravado. A medida que iban produciéndose revisiones estadísticas, el nivel del déficit había cambiado al alza. De un déficit en 2009 previsto inicialmente en el 3,7% del PIB se había pasado al 12,7% (y era optimista: las últimas estimaciones disponibles, para 2009 también, estaban alrededor del 15%). Por lo que se refiere a las perspectivas económicas, eran cada vez más sombrías. La capacidad de Grecia para cumplir sus compromisos financieros parecía cada día más incierta. Eso produjo un segundo debate, más espinoso aún que el precedente, sobre la oportunidad de reconocer que Atenas no estaba en condiciones de pagar sus deudas –era insolvente, pues– e imponer a sus acreedores privados, en primera fila de los cuales estaban los bancos, que asumieran las correspondientes pérdidas. Alemania lo quería, al menos en principio, para que la lección inspirara en el porvenir prudencia a los prestamistas, pero el BCE y Francia no querían oír hablar de ello. Jean-Claude Trichet, especialmente, ponía en guardia con vehemencia contra los riesgos de cataclismo financiero que comportaba cualquier intento de imponer pérdidas a los acreedores. Una vez más, fueron necesarias ásperas discusiones, ante la incrédula mirada de los mercados, para llegar a un acuerdo. El principio de una implicación de los acreedores privados fue adoptado en otoño de 2010, pero sólo para después de 2013 (lo que creó gran confusión entre los inversores), y fue necesario aguardar hasta julio de 2011 para que se aplicara a Grecia, en una medida limitada, sin embargo, e insuficiente para restaurar su solvencia. A fines de julio de 2011, los dirigentes de la zona euro creían haber vivido ya lo peor de la crisis. Después de Grecia, Irlanda y Portugal habían pasado ya por el programa de asistencia, los problemas parecían por fin circunscritos y se habían emplazado ya los principales elementos de una respuesta común. Con la extensión de las misiones del Fondo Europeo de Estabilidad Financiera, una nueva entidad dotada de medios importantes, el instrumento de gestión de las crisis parecía operativo por fin. Angela Merkel, Nicolas Sarkozy y sus homólogos daban por descontado un regreso a la calma en los mercados de la deuda. Comprendieron con rapidez que no era así. Durante el verano, la fiebre se apoderó de Italia, que hasta entonces había conseguido convencer de que, a pesar de las distintas distracciones que acaparaban a su primer ministro, Silvio Berlusconi, podía confiarse en el ministro de Hacienda, Giulio Tremonti, para que llevara la casa. Como iba a explicar en septiembre la agencia Standard & Poor's para justificar la degradación de la nota italiana, la anemia del crecimiento y la fragilidad de la coalición en el poder comenzaban a hacer dudar, seriamente, a los inversores de la capacidad del país para superar sus problemas. Paralelamente, aumentaba la duda sobre la salud financiera de los bancos de la zona euro y su capacidad para aguantar el golpe de una desvalorización de los títulos de deuda pública, de los que poseían gran cantidad. Los créditos interbancarios volvían a hacerse escasos, y los principales bancos, especialmente franceses, eran masacrados en la Bolsa.

Al acercarse el otoño, Europa parecía amenazada simultáneamente por una crisis de la deuda de los Estados y una crisis bancaria de gran magnitud, que se alimentaban la una a la otra. En agosto, el BCE tuvo que ponerse a comprar urgentemente títulos italianos para evitar que los tipos de interés subieran demasiado. En septiembre, Tim Geithner, el secretario estadounidense del Tesoro, hizo expresamente el viaje a Wroclaw, en Polonia, para comunicar a sus colegas europeos su gran inquietud. Pero la agravación de la situación producía nuevos desacuerdos intraeuropeos sobre la gravedad del problema bancario, sobre la legitimidad del programa de compra de títulos por el BCE, sobre la necesidad, o no, de revisar el expediente griego para llevar a cabo una reducción más sustancial de la deuda, y sobre las reformas que debían ponerse en marcha para fortalecer la zona euro.

Esas diferencias puestas de relieve, en las que tuvieron que mezclarse muy a menudo el presidente norteamericano, Barack Obama, Tim Geithner y, por el FMI, Dominique Strauss-Kahn y luego Christine Lagarde, dejan a Europa atónita. Los más optimistas ven en ello la confirmación de la famosa predicción de Jean Monnet, el padre de la integración europea, según la cual esta Europa «se forjará en las crisis y será la suma de las soluciones aportadas a estas crisis». Y es cierto que sólo la urgencia y el peligro podían obligar a los europeos a responder a preguntas que hasta entonces habían evitado cuidadosamente. Pero los pesimistas ven en ello, por el contrario, la manifestación de las incoherencias de la zona euro y la revelación de las líneas de falla que la hacen vulnerable.

De hecho, las crisis precipitan las opciones, obligan a responder a preguntas latentes. La de las implicaciones económicas y políticas de la creación de una moneda común se plantea desde el origen, pero se ha querido ignorar durante mucho tiempo. Error.

2

La última utopía del siglo

El euro ha sido la utopía de un tiempo, el agonizante siglo xx, que había proclamado haberse curado para siempre. No uno de esos sueños de perfección que nunca se realizan realmente y sólo sirven para designar un horizonte a la acción, como el mercado libre, el Estado social o la democracia transnacional, sino una verdadera utopía hecha de un bloque inseparable, una creación *ex abrupto*, acompañada por un cortejo de reglas e instituciones que estructura el tiempo en un antes y un después, y el espacio entre quienes están y quienes no están. Una revolución en el orden económico y monetario.

En 1999, los europeos crearon lo que jamás se había hecho: una moneda que no se apoya en un Estado. O, más exactamente, una moneda no metálica emitida conjuntamente por varios Estados. Han existido, en la historia, monedas transnacionales, comenzando por el oro que, antaño, circulaba de un país a otro y sobre el que el poder de los soberanos se limitaba a poner su efigie en las monedas. Algunos países decidieron también ahorrarse una moneda nacional y adoptaron en su lugar la de otro país. Así sucede hoy con Montenegro (que ha adoptado el euro) o con Panamá (que eligió el dólar). Pero el euro es el único caso de unión monetaria que se apoya en la emisión y la gestión de una moneda transnacional por una institución común.

El proyecto toma cuerpo a finales de los años 1980. Jacques Delors, por aquel entonces presidente de la Comisión Europea, lo presenta como el complemento necesario de los esfuerzos de integración económica del continente, y como una etapa en el camino de una Europa unida. Los europeos se dotaron de una sola política aduanera y de una sola política de la competencia; abolieron, entre sí, las barreras técnicas y reglamentarias para los intercambios comerciales, y elaboraron paso a paso una legislación económica unificada. La moneda será su nueva frontera.

No faltan razones para mostrarse escépticos. En primer lugar, la historia invita a la prudencia. Desde la Primera Guerra mundial, la del siglo XX estaba marcada por la nacionalización de la moneda. El siglo XIX había conocido el predominio de un orden monetario basado en el oro, exterior a los Estados-naciones. Como contrapartida, los sistemas sociales nacionales debían doblegarse ante las obligaciones que emanaban de este orden. Cuando el oro se hacía escaso, era preciso que salarios y precios bajaran para que una reducida cantidad de metal precioso bastara para llevar a cabo las transacciones. Sucedía lo inverso cuando era abundante. Después de 1918, sin embargo, las sociedades se habían mostrado cada vez más reticentes ante esas disciplinas externas, y el período de entreguerras había quedado marcado por un resonante fracaso del intento de restauración del antiguo orden dañado por la Gran Guerra. En 1944, en la conferencia monetaria de Bretton Woods prevaleció lógicamente un principio de autonomía nacional en la gestión de la moneda, atemperado sólo por el compromiso colectivo de no manipular los tipos de cambio. A finales del siglo XX la asociación un país-una moneda parece pues natural.

La segunda razón del escepticismo es económica. En los años 1950, un economista canadiense, Robert Mundell, reflexionó metódicamente sobre la geografía de la moneda. Sin dejarse detener por el carácter aparentemente natural de la asociación un país-una moneda, intentó determinar sobre la base de criterios puramente económicos si, por ejemplo, Canadá debía tener la misma moneda que Estados Unidos, si cada uno de ambos países debía tener varias monedas o, incluso, si era preferible que se pusieran de acuerdo para crear un «dólar del Oeste» y un «dólar del Este» que circularan a ambos lados de la frontera. Se trata evidentemente de puras especulaciones, pero la *teoría de las zonas monetarias óptimas* que resulta de ello proporciona el marco conceptual para un análisis de los costes y beneficios de diversas configuraciones monetarias.

La principal conclusión de esta andadura es que, para ambos países, la opción de tener una moneda común más que separada depende esencialmente de tres factores. El primero es la intensidad de su integración económica; cuanto más fuerte es ésta, más beneficios supone eliminar los costes de conversión de las divisas y los riesgos inducidos por la volatilidad de los tipos de cambio utilizando la misma moneda. El segundo es el grado de asimetría entre ambos países; cuando más distintos son los golpes a los que están sometidos, por ejemplo porque uno está especializado en la producción de bienes industriales y el otro en la de productos primarios, más necesitan llevar a cabo políticas distintas y más están interesados en conservar cada cual su moneda. El tercero es la potencia de los mecanismos que pueden corregir las divergencias entre ambos países: migraciones como respuesta a las diferencias de salario, movimientos de capitales en caso de diferencias de rendimiento o, sencillamente, flexibilidad interna del sistema de precios como respuesta a las variaciones de la demanda; cuanta más elasticidad proporcionan estos mecanismos, más fácil es fijar una moneda común, incluso en el caso de fuerte asimetría de las estructuras o los comportamientos. Estados Unidos es así una economía muy integrada, en cuyo seno los Estados se encuentran en situaciones a menudo asimétricas, pero donde existen poderosos mecanismos de elasticidad –especialmente las migraciones internas. El Estado federal contribuye también a absorber los choques.

Cuando al empezar los años 1990 se afirma el proyecto de moneda común, esa plantilla de lectura se aplica a los países europeos. El análisis produce dos conclusiones. El primero es que esos países no presentan entre sí más asimetría que los Estados americanos, pero los mecanismos de elasticidad en caso de divergencia son claramente menos potentes. Nadie imagina realmente a los trabajadores cambiando de país en función de las diferencias de salario (erróneamente a veces, por otra parte: Irlanda y España conocieron muy fuertes migraciones de trabajo cuando se produjo su *boom*). La unión monetaria aparece, pues, como concebible, pero sólo a condición de que refuerce esos mecanismos de flexibilidad, haciendo por ejemplo que los precios y los salarios sean más sensibles a las diferencias de situación. La segunda conclusión es que las asimetrías son menos pronunciadas entre los países del meollo de Europa –en general, Alemania, Francia y sus vecinos inmediatos– que con los países de la periferia como Grecia y Portugal, Italia incluso. Para quitarle hierro es preciso, afirman los economistas, apostar por el porvenir y dar por descontado que la moneda, al estimular la integración de los países que participen en ella, fortalecerá los mecanismos de elasticidad.

Pero la apuesta no está ganada de antemano, ni mucho menos. En 1991, Paul Krugman, del Massachusetts Institute of Technology (más tarde tendrá un blog y será cronista en The *New York Times*), pone de relieve especialmente que cuanto más se integre Europa, más tenderán las empresas del mismo ramo a aglomerarse, como se observa en Estados Unidos con el Silicon Valley o con Hollywood. Eso no tendrá el efecto de reducir, sino el de acrecentar las asimetrías entre países. Martin Feldstein, de Harvard, va más lejos. Pronostica que los desacuerdos sobre la gestión monetaria y la ambición que Francia tiene de ser igual a Alemania, mientras que ésta aspira a la hegemonía, desembocarán inevitablemente en un conflicto entre países del euro.

¿Por qué, entonces, los europeos ignoran todo ello y se atarean en la creación de una moneda sin Estado? Esencialmente por tres razones.

La primera tiene que ver con el comportamiento. Los europeos, en todo caso la mayoría de los continentales, dan pruebas de una fuerte aversión a la flotación de los tipos de cambio. Donde numerosos países se adaptan a las fluctuaciones del valor exterior de su moneda, los europeos se han esforzado continuamente en limitar las variaciones de sus tipos de cambio recíprocos. Cuando el sistema de cambio fijo voló hecho pedazos, a comienzos de los años 1970, se apresuraron a recrear otro entre ellos. Cuando esa tentativa fracasó tras la primera crisis petrolera, pusieron de nuevo manos a la obra y crearon el sistema monetario europeo en 1979. Cuando éste vivió una crisis tras otra, a comienzos de los años 1990, la voluntad de crear el euro se vio fortalecida. Sin duda, esta constante preferencia se debe en buena parte a la memoria de las crisis de entreguerras y al papel que las diferencias monetarias desempeñaron en la agravación de las tensiones intraeuropeas. Tal vez se deba también a que los países de la UE establecen un presupuesto en común y prefieren hacerlo con unidades estables. En todo caso, es un hecho.

La preferencia por la estabilidad de los cambios se ve acentuada por la creación, en los años 1980, de un mercado interior unificado para bienes y servicios. Adhiriéndose a él, los Estados renunciaron a todos sus instrumentos de protección en las fronteras. No sólo fueron abolidos los derechos de aduana (desde hace ya mucho tiempo),

sino que Francia no puede contingentar las importaciones procedentes de Italia o aplicarles una penalización por *dumping*. Un socio que
devalúa su tipo de cambio –como hizo Italia en 1992-1993– gana cuo-
ta de mercado sin que pueda oponérsele barrera alguna. A quienes
temen las devaluaciones competitivas, la moneda común les parece
una garantía.

La segunda razón es lógica. Mientras los controles administrati-
vos limitaban la movilidad de los capitales, los europeos podían conservar monedas separadas y mantener la estabilidad de los tipos de
cambio. Pero, a comienzos de los años 1990, la liberalización de los
movimientos de capitales obliga a elegir: o los países se aferran a la
estabilidad de los tipos de cambio, y deben entonces seguir las mismas políticas monetarias (de no hacerlo, los capitales irían hacia los
países donde el tipo de interés fuera más elevado y provocarían la
apreciación de su moneda); o se aferran ante todo a la autonomía
de sus políticas monetarias, afectando la flotación de las monedas.
Es lo que se denomina el «trilema»: entre esos tres objetivos, estabilidad de los tipos de cambio, libertad de movimientos de capitales y
autonomía de las políticas monetarias, sólo pueden alcanzarse dos
simultáneamente: los europeos que se aferran a los dos primeros se
ven llevados lógicamente a renunciar al tercero.

Ahora bien, la elección es binaria: o se sigue la política monetaria
de Alemania, es decir fijar el tipo de interés en el mismo nivel que el
suyo, lo que es una forma de vasallaje, o se mutualiza la decisión en
el marco de una moneda común. En los años 1970 y 1980 tuvo lugar,
en efecto, una competición monetaria de la que Alemania salió ven-
cedora. Tras el final del sistema de Bretton Woods, cada país fue libre
de gestionar a su guisa su moneda. En el sistema monetario europeo,
ninguna moneda tenía a priori un papel directivo. Pero, en realidad,
el marco alemán se impuso como la moneda dominante y el Bundesbank como la institución de referencia. Levantando acta de esta
superioridad, los Países Bajos, Bélgica, Francia, Austria y, de modo
más episódico, Italia y España, acabaron vinculando sus monedas al
marco y siguiendo paso a paso las decisiones del Bundesbank.

Francia, como los demás, se vio así voluntariamente colocada en
posición de vasallaje, para importar la virtud cuyos resortes no se
sentía capaz de encontrar por sí misma. Esta configuración es sin
embargo inestable. No es posible imaginar un gran país europeo

permaneciendo perdurablemente bajo la dependencia de decisiones monetarias tomadas por alemanes en interés, único, de la economía alemana. Al final, o Francia debe recuperar su autonomía y dejar flotar su moneda, o necesita llegar a compartir el poder monetario con Alemania. Ésta, por lo demás, sabe también que no puede esperar un dominio duradero sobre la Europa monetaria. Sólo un sistema simétrico puede ser perenne. Ahora bien, salvo si se imagina que los alemanes donan su *deutsche mark* a sus socios, crear un sistema simétrico supone sustituir las monedas nacionales por una moneda común.

La tercera y última razón depende de la política europea. Al inicio de los años 1990, el presidente francés, François Mitterrand, que ha abandonado sus ambiciones de transformación social, quiere colocar su segundo septenato bajo el signo de Europa. El canciller Helmut Kohl en Alemania, el primer ministro Giulio Andreotti en Italia y el presidente del gobierno Felipe González en España comparten esta ambición. Al mismo tiempo, al otro lado del canal de la Mancha, una Margaret Thatcher debilitada cede su lugar a un primer ministro menos batallador, John Major, que está dispuesto a permitir que sus socios sigan adelante siempre que le permitan no tomar parte en la empresa. Tras la integración de los mercados de bienes y capitales, que fue la gran idea de los años 1980, Europa parece madura para un nuevo proyecto unificador.

Este proyecto no puede ser la defensa, que no puede concebirse sin los británicos, ni la política industrial, en la que se contraponen el intervencionismo francés y el liberalismo alemán. La moneda parece más prometedora. ¿Acaso los banqueros centrales que la gestionan no son casi los mismos de un país a otro? Con gran habilidad, Jacques Delors les pide en 1989 que formulen ellos mismos el plan de ruta para la creación de una moneda común, y se asegura así, si no su apoyo unánime, su neutralidad al menos.

Ya sólo falta un impulso político. Éste llegará pocos meses más tarde con la unificación alemana. Helmut Kohl, impaciente por llevarla a cabo, entiende perfectamente los temores de sus socios europeos y está dispuesto a ofrecerles una contrapartida para demostrar que una Alemania reunificada sigue vinculada al progreso de la construcción europea. El euro se ofrece como esta contrapartida. Será el euro.

3

Las murallas de Frankfurt

Una moneda, y a fortiori una moneda sin Estado, se apoya ante todo sobre un banco central. Éste posee el monopolio de emisión y fija la política monetaria; es decir, dirige el tipo de interés a corto plazo y proporciona la liquidez a los bancos. El meollo del tratado de Maastricht es así la creación del Banco Central Europeo. Éste adopta, tanto como es posible, el modelo del Bundesbank.

El control fundacional del euro es de gran sencillez: Alemania acepta adoptar una moneda común con sus socios, a condición de que esta moneda se gestione de acuerdo con el modelo alemán por una institución que es el calco del Bundesbank. Como éste, el BCE será absolutamente independiente; tendrá los mismos objetivos e, inicialmente al menos, la misma estrategia; y aunque el acuerdo inicial dejaba en suspenso la cuestión de la sede, se instalará finalmente en Frankfurt.

La cosa parece un *diktat*, pero no lo es. En 1990-1991, durante las negociaciones del tratado de Maastricht, cuando se consigue el acuerdo, el modelo monetario alemán es, en efecto, operacional e intelectualmente dominante. La clonación del Bundesbank es ante todo el reconocimiento de esta realidad.

En el plano operacional, la superioridad alemana es clamorosa. En todos los países avanzados, los veinte años precedentes fueron consagrados a la lucha contra la inflación y el Bundesbank ha sido más tenaz, más rápido y más eficaz que todos los demás bancos centrales. La Reserva Federal (Fed) norteamericana sólo actuó tardíamente y con gran brutalidad; el Banco de Inglaterra, que sigue bajo la férula del *Chancellor of the Exchequer* (equivalente al ministro de Hacienda), ha llevado a cabo una serie de experiencias a cual menos concluyente. El Banco de Francia es sólo un anexo al Tesoro cuyo director, Jean-Claude Trichet, ha convencido a los sucesivos ministros de Hacienda de que el mejor modo de llevar a cabo la desinflación era apoyarse en el marco. Y aunque el Banco de Italia, que goza de un prestigio igual al descrédito del Estado, es una reserva de primeros ministros para tiempos de crisis, sus éxitos están muy lejos de igualar su aura.

Alemania debe su supremacía a la historia. El apego a la estabilidad de los precios tiene allí el nivel de los sufrimientos padecidos en los años 1920 cuando, a fuerza de hiperinflación, los precios de los productos básicos se cifraban en millones de marcos. Para la Alemania de la posguerra, la independencia del banco central y la prioridad otorgada al control de la inflación son dos componentes esenciales de un modelo de política económica que asigna un objetivo determinado a cada institución. Pero el modelo de banco central destinado a la estabilidad de los precios e independiente de los gobiernos es también intelectualmente predominante. La teoría económica de los años 1980, que ministros y jefes de Estado no conocen pero cuyo rumor escuchan, critica de modo convincente el eclecticismo monetario. Publicado en 1983, un artículo de dos universitarios estadounidenses, Robert Barro y David Gordon, explica de modo extraordinariamente sencillo por qué un gobierno animado por las mejores intenciones y que se atarea en arbitrar entre control de la inflación y reducción del paro corre el gran riesgo de fracasar en ambos frentes a la vez. Más vale, dicen, confiar el control de la inflación a una institución dedicada a esta misión y capaz de resistir las presiones. El retrato-robot del Buba (el Bundesbank) en suma.

No debe extrañar, pues, que el acuerdo sobre la unión monetaria se logre a partir del modelo alemán. Francia intenta enmendarlo alegando la necesidad, para el poder político, de dirigir los tipos de cambio. Obtiene sólo una alambicada disposición que da a los ministros la posibilidad de formular orientaciones sobre el tipo de cambio, pero deja al banco central como único juez de la conveniencia de seguirlas. Esta cláusula, en lo esencial, seguirá siendo letra muerta.

La independencia del BCE es objeto de todas las atenciones de los negociadores alemanes, que temen ante todo (y no sin razón, preciso es decirlo) que sus socios cedan a la tentación del control político de la institución monetaria. Velan porque ésta quede rodeada de altas y sólidas murallas, capaces de rechazar todos los ataques. Mientras que los objetivos y los estatutos de los bancos centrales dependen por lo general de la ley, la primacía de la estabilidad de los precios, la independencia y la prohibición de solicitar o recibir instrucciones están garantizadas por un tratado que sólo puede modificarse por unanimidad. Para asegurar su independencia, los dirigentes del BCE son nombrados por ocho años y son irrevocables.

Al banco central se le prohíbe por añadidura la financiación de los déficits presupuestarios de los Estados otorgando créditos o comprando títulos públicos cuando sean emitidos por los tesoros nacionales (tiene en cambio el derecho a comprar títulos ya emitidos y lo utilizará en 2010-2011, no sin suscitar controversias). Todo eso lo convierte en la institución monetaria más independiente del mundo. Al contrario que la Reserva Federal norteamericana, que está bajo la vigilancia del Congreso, o que el Banco de Inglaterra, cuyas misiones son definidas por una simple ley, el BCE está al abrigo de las iniciativas parlamentarias. Cierto es que debe regularmente explicar su política ante el Parlamento europeo, pero éste carece de cualquier influencia formal sobre la gestión de la moneda.

Semejante estatuto garantiza la independencia, pero a costa del aislamiento. La fuerza de una institución depende de las protecciones que se le garanticen, de su propio éxito, pero también del apoyo de sus mandatarios, se trate de accionistas privados o de tutelas públicas: cuando, a causa de un error, es objeto de críticas, más vale que éstos se levanten para tomar su defensa. El BCE está protegido hasta el punto de que en verdad no tiene mandatarios. Los jefes de Estado nombran a sus dirigentes, pero no tienen el derecho de asignarles objetivos distintos a los que figuran en el tratado, ni el de interpretar o modular estos últimos; su único poder es elegir a los hombres (o, de vez en cuando, a una mujer). Los bancos centrales nacionales que subsisten forman equipo con él, es cierto, pero están obligados asimismo a la independencia con respecto a sus gobiernos. El sistema europeo de bancos centrales está así colocado como en una ingravidez institucional.

Los británicos, cuando reconozcan a su vez la necesidad de hacer independiente a su banco central, procederán de otro modo. La reforma iniciada en 1997 por Tony Blair y Gordon Brown, su ministro de Hacienda, es sutil. Otorga la independencia operacional al Banco de Inglaterra y le fija como objetivo la estabilidad de los precios, pero deja al gobierno la responsabilidad de definir lo que debe entenderse por estabilidad de los precios. Éste puede pues, por ejemplo, retener un 1, 2 o 3% de inflación, siempre que lo haga de modo público y transparente. En la práctica, eso no supone gran diferencia: salvo en una situación extrema, cuesta imaginar a un gobierno optando públicamente por la inflación. Políticamente, el mensaje no es el mismo sin embargo: el ejecutivo asume su responsabilidad en la fijación de los objetivos de la política económica, y el banco central asume su responsabilidad en su puesta en práctica.

Junto al orden monetario, el otro pilar del sistema euro es la disciplina presupuestaria. No se trata, en este terreno, de federalizar la decisión: las decisiones presupuestarias; es decir, las que actúan sobre los gastos públicos y las deducciones fiscales o sociales, siguen siendo competencia de los Estados miembros. Cada uno de ellos es así libre de elegir su nivel de gasto público –y, de hecho, los gastos de consumo público iban, a mediados de los años 2000, de menos del 30% del PIB en Irlanda a casi el 50% en Francia.

No se trata tampoco, en todo caso no debe tratarse, de gestionar del mismo modo la coyuntura de punta a cabo de la zona euro. Por el contrario, mientras las economías no funcionen exactamente al mismo ritmo, poner en común el instrumento monetario impone diferenciar el uso del instrumento presupuestario: pisar aquí el acelerador, cuando el tipo de interés del BCE es demasiado alto con respecto a las necesidades del país, y pisar el freno allí, cuando es demasiado bajo. Los gobiernos pueden de vez en cuando tener motivos para actuar en el mismo sentido (como durante la recesión de 2008-2009, cuando los países de la Unión se lanzaron a una reactivación coordinada), pero no es la regla. A petición, una vez más, de Alemania, la libertad presupuestaria de los países que participan en el euro es sin embargo condicionada. Están sometidos a un control de sus niveles de déficit y endeudamiento público. Éste es el objeto de los famosos «criterios de Maastricht» y del no menos famoso «Pacto de Estabilidad», que proceden del mismo artículo del tratado europeo sobre la prevención de los déficits excesivos.

La razón de ser de estos criterios ha sido objeto de varias interpretaciones divergentes, que han sido fuente de confusión, hasta que

la crisis ha recordado brutalmente una evidencia que hasta entonces era sólo accesible en los libros de historia o en los modelos de
teoría económica. La separación entre política monetaria y política
presupuestaria es la mayoría de las veces una realidad operacional: el
banco central y el gobierno toman sus decisiones como dos actores
independientes, que eventualmente pueden coordinarse, pero también actuar sin consultarse el uno al otro (la cuestión de saber si es
deseable que se coordinen es objeto de discusiones entre economistas,
pero nadie pretende que sea *necesario*).

Esta separación desaparece, en cambio, en condiciones extremas. Cuando los inversores no quieren ya financiar el déficit público comprando títulos de deuda de los Estados, el banco central se
ve obligado a una elección: aceptar la quiebra del Estado, con sus
consecuencias financieras, o reemplazar a los inversores privados y
financiar los requerimientos de fondos del Estado emitiendo moneda –lo que se conoce por monetizar la deuda. En último extremo, el
banco central se ve obligado a financiar íntegramente el Estado y a
emitir moneda como contrapartida –poner en marcha la máquina
de los billetes, como se dice familiarmente. Ha sucedido con regula-
ridad en la historia, especialmente en Alemania a comienzos de los
años 1920. Y eso por lo general ha terminado en inflación, incluso
en hiperinflación.

Las crisis de deuda soberana (es decir, de la deuda pública) a las
que la zona euro se confronta a partir de 2009 mostrarán que los
canales por los que la insolvencia de un Estado puede amenazar la
estabilidad financiera y constreñir las capacidades de acción del banco central son, de hecho, más numerosos que en este esquema. En
particular, una duda sobre la solvencia de un Estado amenaza directamente la salud financiera de los bancos que tienen en su activo los
bonos que ha emitido. De pronto, sus acreedores desconfían de ellos
e interrumpen sus préstamos, obligando al banco central a reempla-
zarlos. En semejantes casos, el problema no es la dependencia directa
del Estado con respecto al banco central, sino la dependencia de
los bancos privados. Tanto en un caso como en el otro, el efecto es
el de obligar al banco central a intervenir para preservar el sistema
financiero.

Todo estriba, pues, en encontrar el equilibrio entre la necesaria
autonomía de las políticas presupuestarias nacionales y el respeto

a la disciplina destinada a asegurar la estabilidad del conjunto. Los criterios de Maastricht y el Pacto de Estabilidad (que una iniciativa puramente semántica de Jacques Chirac, al inicio de su presidencia, indujo a llamar «Pacto de estabilidad y de crecimiento») intentan hacerlo, pero de modo bastante torpe, lo que llevará a reformar varias veces este pacto. El objetivo será, sucesivamente, mantener los déficits por debajo del 3% del PIB, luego pretender un saldo «cercano al equilibrio o al superávit», luego conservar ese mismo objetivo, pero teniendo en cuenta las influencias del ciclo coyuntural, y por fin tomar más en cuenta, junto al déficit, el nivel de endeudamiento.

Estas variaciones atestiguan las dificultades conceptuales y prácticas de la vigilancia de las políticas nacionales. La puesta en práctica efectiva de la disciplina así definida es igualmente difícil. Delegar la política monetaria a una institución nueva es una cosa, controlar qué gobiernos y qué parlamentos nacionales se adecuan a las recomendaciones o conminaciones que se les dirigen es otra. La posibilidad de sanciones pecuniarias con respecto a los Estados desfallecientes se introdujo de entrada en el tratado, una vez más a petición de Alemania. El Pacto de Estabilidad precisa sus modalidades y detalla el calendario de su aplicación en caso de infracción de las reglas comunes.

El modelo de política económica que el euro conlleva supone así una ruptura con el de la posguerra. Al amparo de un incumplimiento de las políticas nacionales llevadas a cabo en los años 1970 y 1980, instaura un nuevo régimen monetario que, en ciertos aspectos, reanuda con el modelo de orden monetario externo heredado del siglo XIX. En vez de dejar el campo libre a la elección discrecional, pretende enmarcar las políticas presupuestarias nacionales con un conjunto de reglas acompañadas por sanciones. Aunque no se perciba como tal, porque se inscribe en la continuidad de la empresa de desinflación y ajuste presupuestario de los años 1980 y 1990, el cambio es considerable.

La mecánica que se instala es muy rudimentaria. El Pacto de Estabilidad padece defectos de concepción y su aplicación deja que desear, como demostrará el caso griego. Su credibilidad es incierta. Sus penalizaciones no se aplicarán nunca: cuando la Comisión Europea, con bravura, proponga en 2003 iniciar un proceso contra Alemania y Francia, ambos países organizarán rápidamente una coalición para obstaculizarlo. Por aquel entonces, en todo caso, los grandes Estados no estaban dispuestos a dejarse sancionar, ni a sancionarse el uno al otro.

Por imperfecto que sea, el mecanismo está emplazado y va a desplegar progresivamente sus efectos. Con el euro, los Estados no sólo renuncian a devaluar y a fijar los tipos de interés en el nivel que les convenga. Renuncian también a monetizar su deuda pública y se fijan, pues, obligaciones de coherencia temporal. Entran, de hecho, en un nuevo mundo. Sin tener plena conciencia de ello.

4

Una sola cama para dos sueños

Los dirigentes que, a comienzos de los años 1990, llevan el euro a la pila bautismal no son ingenuos. Saben que un banco central independiente y un régimen de disciplina presupuestaria no bastarán para hacer vivir una moneda. Comprenden que es útil anticiparse a toda clase de guiones, de accidentes o de bifurcaciones, y definir las defensas correspondientes, pero que ningún plan, por detallado que sea, permite prever todas las eventualidades. Presienten que en el fondo la solidez de una unión monetaria se apoya en otra cosa. Pero no están de acuerdo sobre esa otra cosa.

Para Jacques Delors, por aquel entonces presidente de la Comisión Europea, el euro es un jalón en la construcción de un conjunto más vasto al que designa prudentemente con una fórmula alambicada: «federación de Estados-nación». En la línea de los arquitectos de Europa, apunta a una unión federal, dotada de un verdadero ejecutivo y un verdadero parlamento; como ellos, es a la vez pragmático y decidido. Está dispuesto a muchas circunvoluciones para alcanzar su objetivo, entre ellas el rodeo por la moneda, que para él es más un medio que un fin. En la inmediatez, el complemento necesario de ésta le parece económico y social. La próxima etapa tal vez sea la política exterior, o la energía, según las oportunidades.

El canciller Helmut Kohl comparte a medias esta visión. Conociendo los males de la centralización, la Alemania de la posguerra se ha reconstruido según el modelo federal y ha encontrado en él una nueva identidad –hasta el punto de que los ciudadanos dicen por aquel entonces «República federal» (*bundesrepublik*) y no «Alemania». La prolongación de este modelo a la escala europea se concibe así naturalmente, como por encajes sucesivos: el ayuntamiento, el *Land*, la República federal, la federación europea.

La moneda, para Kohl como para todos los alemanes, es en cambio mucho más que un instrumento. Junto al equipo de fútbol y a la industria exportadora, el marco es uno de los símbolos en los que se proyecta un orgullo nacional que no puede todavía invertirse en la bandera. Donarlo a Europa es, pues, un acto muy fuerte, todo lo contrario de una azarosa experimentación. Sólo puede contemplarse, dice Kohl, en el marco de una «unión política».

El concepto es difuso. Cuando son asaeteados a preguntas por sus socios, los alemanes evocan una arquitectura federal sin dar demasiadas precisiones. Se presiente que lo esencial no es el edificio institucional. Es por fin Hans Tietmeyer, el presidente del Bundesbank, quien mejor expresa de lo que se trata citando a Nicolás Oresme, un filósofo francés del siglo XIV: «La moneda no pertenece al príncipe, sino a la comunidad». Lo esencial, pues, estriba en los vínculos que unen a los pueblos que comparten la misma moneda.

La idea está llena de sentido. Compartir la moneda con otros es poner en común beneficios. Es también aceptar riesgos. Es un poco comprometerse en una suerte de mutua cuyos miembros tienen la obligación de preservar el activo compartido y pueden prestarse socorro recíprocamente. Entre países europeos, estos vínculos de solidaridad no preexisten a la unión monetaria. No fueron, como en el seno de los Estados-nación, moldeados por el tiempo y las pruebas. Subrayar, como hace Helmut Kohl, la necesidad de una unión política, es un modo de afirmar que este problema debe ser resuelto.

La Francia de Mitterrand, por su parte, habla de gobierno económico. El término, que será luego retomado por todos los gobiernos sin excepción, fue improvisado por Pierre Bérégovoy durante las negociaciones de Maastricht. El concepto está tan mal definido como el de unión política. Es, de hecho, su traducción en el seno de una cultura jacobina, que no contempla la sociedad independientemente del Estado. Del mismo modo que los alemanes sólo imaginan la moneda si está arraigada en una comunidad, los franceses no la conciben de otro modo que apoyada en una entidad estatal. ¿Pero cuál debiera ser esa entidad? Lo ignoran. Cuando se les pregunta por el sentido de este *gobierno económico*, les cuesta superar el farfulleo. Los más articulados de todos ellos hablan de la coordinación de las políticas económicas, y eso les exige ya un gran esfuerzo.

Unión política por un lado, gobierno económico por el otro, ambos términos están de hecho inspirados por la misma intuición de incompletitud del euro. Designan la misma ausencia. Tanto los alemanes como los franceses presienten la insuficiencia de lo que se prepara e imaginan, en el seno de su propia cultura política, en qué dirección habría que ir para remediarlo. Uno de los hombres que mejor reflexionaron sobre las implicaciones de la moneda, Tommaso Padoa-Schioppa (fue uno de los miembros del directorio del BCE antes de ser ministro de Hacienda de Italia en el segundo gobierno de Prodi), resumió de un trazo el parentesco de las intuiciones francesas y alemanas: «En definitiva, escribe en 2004, los fundamentos de una moneda estable no pueden ser garantizados sólo por el banco central. Se apoyan en cierto número de elementos que sólo el Estado, o más ampliamente una comunidad política, puede procurar». A una y otra orilla del Rin, sin embargo, esta convergencia no se percibe. Prevalece más bien la incomprensión.

De la incomprensión a la desconfianza sólo hay un paso. Francia sospecha que Alemania quiere disolver los Estados unitarios en el seno de una vasta federación europea. Durante las negociaciones de Maastricht, sobre la moneda y sobre las instituciones al mismo tiempo, François Mitterrand asesina sin miramientos la unión política aliándose con los británicos contra los proyectos de los federalistas, que querrían construir los Estados Unidos de Europa. Sus sucesores responderán con frialdad a las llamadas de Berlín en favor de iniciativas políticas. Resucitada por un tiempo con el proyecto de constitución a comienzos de los años 2000, la unión política es enterrada de nuevo por los pueblos francés y neerlandés cuando rechazan el tratado constitucional en los referendos de 2005. Sin duda, en Francia al menos, la oposición hizo más hincapié en la parte económica que en la parte institucional del proyecto de tratado. Pero, de todos modos, el resultado está aquí.

El gobierno económico, por su parte, será objeto de una tenaz desconfianza por parte de Alemania, que ve en él el biombo que oculta un intento de control del banco central. La interpretación es reduccionista, pero no carece de fundamento, tan numerosos son los políticos franceses que, por facilidad o por convicción, han sugerido la necesidad de una tutela política de la institución monetaria. Francia, por su parte, defiende con constancia la coordinación de las políticas económicas, al tiempo que la desautoriza en sus actos: rechaza cualquier transferencia de poder significativa a la Comisión Europea, se toma libertades con la disciplina común y anuncia regularmente importantes cambios de orientación sin avisar de ellos a sus socios. A Berlín no le costará así obstaculizar las veleidades francesas. El único avance hacia el gobierno económico es la creación de un consejo de ministros de Hacienda de la zona euro, llamado Eurogrupo, que supuestamente desempeña el papel de un ejecutivo colectivo. Será sólo el fantasma de un gobierno ausente.

Habrá pues moneda común, pero privada de cualquier base política o institucional de importancia. Está, lógicamente, desprovista de mecanismos de solidaridad poderosos. No se concibe sin confianza, y los Estados europeos no han dado paso alguno en esta dirección.

Ciertamente, la solidaridad es evocada en cursiva por un artículo del tratado firmado con ocasión del euro, que menciona la posibilidad de ayudar a un Estado en caso de «catástrofes naturales» o de «acontecimientos excepcionales que escapen a su control». La formulación es vaga, pero la intención se comprende fácilmente: al renunciar a tener su propia moneda, un país se arriesga a no poder contar con su banco central para reaccionar ante golpes de gran magnitud, y la contrapartida de esta renuncia sólo puede ser la solidaridad de sus socios. Salvo en caso de catástrofe natural, la puesta en práctica de este artículo requiere sin embargo la unanimidad de los veintisiete Estados de la Unión, que tiene muy pocas posibilidades de lograrse. En 2010, se invocará esta disposición para justificar un programa de ayuda de magnitud modesta a los países en crisis, pero los gobiernos de la zona euro preferirán finalmente construir un vehículo financiero *ad hoc.* Calificar las crisis soberanas de acontecimientos excepcionales que escapan al control de los Estados les parece jurídica y políticamente impropio.

Mucho más prescriptiva es la cláusula llamada de no-rescate (*no bail-out*), introducida a petición expresa de Alemania. Ésta determina que ni la Unión ni los demás Estados miembros pueden responder de los compromisos de un Estado europeo. El objetivo de esta disposición es advertir a los acreedores: prestar a los soberanos es arriesgado y no deben contar con una forma u otra de rescate de un

Estado desfalleciente. Se supone que esta prohibición de cualquier corresponsabilidad sobre las deudas públicas mantendrá vigilantes a los prestamistas y responsables a los prestatarios. Muchos en Alemania creerán, o fingirán creer, que esa prohibición se aplica también a cualquier tipo de préstamo entre Estados. En realidad, este interdicto no figura explícitamente en parte alguna, pero la ambigüedad será fuente de serias disputas sobre la interpretación del tratado.

Los arquitectos del euro tomaron, pues, partido: a falta de comunidad y a falta de Estado, cada país participante tendrá que asumir a solas los riesgos que implica la participación en la moneda común. Supone, también aquí, resucitar el concepto de moneda externa del siglo XIX.

A partir de 2009, la crisis de las deudas soberanas reavivará esos debates olvidados por algún tiempo. Pondrá de relieve la incompletitud del euro. Mostrará qué crucial es saber si los países que en él participan forman una comunidad, y devolverá al primer plano los conceptos abandonados de unión política y de gobierno económico.

5

La moneda huérfana

Cuando ve la luz, el euro puede contar aparentemente con el resuelto compromiso de todos los países que participan en él. Desde la reactivación de las discusiones sobre ese viejo proyecto a finales de los años 1980, sus gobernantes han tenido que movilizarse varias veces para superar los obstáculos que se levantaban en el camino. Algunos países que no habían alcanzado su cualificación tuvieron que batallar de veras para poder participar en la aventura. No obstante, el 1 de enero de 1999 cuando el BCE sustituye a los bancos centrales nacionales, los dirigentes europeos parecen tener la cabeza en otra parte. Ninguno interrumpe sus festejos para la ocasión, y ninguno los interrumpirá el 1 de enero de 2002 cuando las monedas y los billetes en euros sustituyan a los antiguos símbolos monetarios. Esta discreción atestigua un estado de ánimo. Todo ocurre como si esa moneda que ve la luz no fuera realmente la suya.

Por lo general, la decisión de forjar el euro se fecha en el 10 de diciembre de 1991, día en que se firma el tratado de Maastricht, que establece las instituciones y fija las reglas sobre cuya base iba a construirse el edificio. Pero, en aquella fecha, la empresa estaba muy lejos de culminarse. Apenas de seis meses después de la ceremonia de firma, el sistema de cambio fijo europeo, llamado sistema monetario europeo (SME), era objeto de un violento ataque especulativo. En unas pocas semanas, la libra esterlina salía del SME, mientras que la lira italiana, la peseta española y el escudo portugués eran fuertemente devaluados. El franco, por su parte, sólo conservaba su valor en *deutsche mark* gracias al apoyo del Bundesbank. Seriamente trastornado ya por este asalto, el mecanismo monetario europeo sufría una nueva carga en verano de 1993, que desembocaba en lo que muchos consideraron entonces como su desaparición de hecho: una considerable ampliación de los márgenes de fluctuación recíproca de las monedas. Tras estos acontecimientos, muy pocos seguían apostando por la moneda europea. En los mercados de Nueva York o de Londres, la causa parecía sentenciada: Helmut Kohl había conseguido llevar a cabo la unificación alemana a cambio de una promesa que nunca iba a realizarse. Algo más de un año después, la derrota de Édouard Balladur en la primera vuelta de las presidenciales francesas en beneficio de Jacques Chirac, que había afirmado su desprecio por el pensamiento único de los banqueros centrales, parecía confirmar el guión de la disgregación. La Comisión Europea proseguía, es cierto, los preparativos, pero su presidente, Jacques Santer, carecía de la ambición y la autoridad de Jacques Delors.

Se subestimaba la resistencia del proyecto. A finales de 1995, se ponía de nuevo manos a la obra con ocasión de la cumbre europea de Madrid, y la dinámica comenzaba a invertirse. Jacques Chirac, tras unas semanas de poder, se había transformado en turiferario del rigor presupuestario, el Pacto de Estabilidad (y de Crecimiento) era adoptado, y la fecha de 1999, que figuraba en el tratado, se reafirmaba. Hubieran o no manifestado entusiasmo por la moneda europea, ninguno de los jefes de Estado quería cargar con la responsabilidad de su fracaso. La maquinaria comunitaria, con sus cumbres, sus procedimientos y sus compromisos, se encargaba del resto.

Muy pronto, se trataba ya de la composición del grupo inicial: ¿iba a ser una unión monetaria a seis o a siete, con Alemania, sus usuales satélites monetarios de la Europa del norte y Francia, de la que nadie imaginaba que permaneciese al margen? ¿O más bien una unión amplia, incluyendo a Italia y España? Cada una de las dos opciones tenía sus partidarios, pero la primera tenía el favor de Alemania, para la que a los países del «Club Med» –Italia, España o Portugal– les faltaba una experiencia lo bastante larga de estabilidad de precios. La ventaja de empezar con un grupo pequeño era ir rodando las reglas de juego entre países aclimatados a disciplinas compartidas por una cohabitación prolongada en régimen de cambios fijos: Francia no había devaluado su moneda con respecto al marco desde 1987, los Países Bajos desde 1983 y Bélgica desde 1982.

La existencia de criterios de entrada relativamente exigentes –había que satisfacer condiciones sobre la inflación, el déficit presupuestario, el tipo de cambio y el tipo de interés a largo plazo, todo al mismo tiempo– hacía poco probable, por lo demás, la cualificación de los países mediterráneos.

Eso suponía no contar con su voluntad de participar en la empresa, de buenas a primeras, en un pie de igualdad. A Romano Prodi, presidente del Consejo italiano, que proponía un pacto entre sus dos países para aplazar su entrada en el euro, José María Aznar, presidente del gobierno español, le respondía sin ambages en septiembre de 1995 que España no jugaría en segunda división, fuera cual fuese la posición italiana. Hagan lo que quieran, le decía en resumen, pero España participará en el euro en 1999. Miembro fundador de la Comunidad Europea, Italia no podía decentemente dejar que le adelantara un país que sólo había entrado en ella treinta años más tarde. A Romano Prodi y a su ministro de Hacienda, Carlo Azeglio Ciampi, sólo les quedaba lanzarse a fondo para reducir el déficit presupuestario, controlar la inflación y asegurar así la cualificación de Italia. La aventura del euro comenzaría finalmente con once países, claramente más de lo que se había previsto.

Los hechos decidían así entre dos escuelas que habían dividido durante mucho tiempo a los economistas europeos: por una parte, la escuela «economista» que ponía de relieve la necesidad de un período prolongado de aprendizaje antes de someterse a la disciplina de la moneda común (su versión extrema era la «teoría de la coronación» desarrollada en Alemania, según la que la unificación monetaria sólo podía ser la última etapa, la postrera coronación de un proceso de convergencia); y, por otra, la escuela llamada «monetarista» (que nada tenía que ver con Milton Friedman y la escuela de Chicago), que pretendía hacer de la moneda el catalizador de esta convergencia. Provisionalmente al menos, prevalecían los segundos.

Once años, desde la firma de Maastricht a la entrada en el euro, es un tiempo bastante largo para implicar al menos una alternancia política. En Alemania, Kohl había apoyado el proyecto, pero la transición se había llevado a cabo con Gerhard Schröder. En Francia, el primer impulso se había dado durante el primer ministerio de Chirac, la negociación había sido dirigida por Mitterrand, y la cualificación del país la había obtenido Lionel Jospin. En España, el testigo había pasado de las manos de González a las de Aznar, y en Italia se habían sucedido no menos de siete presidentes del Consejo.

El euro, en el momento de su lanzamiento, es así el proyecto común de la casi totalidad de los partidos de gobierno en Europa. Varios de ellos tuvieron que gastar un importante capital político para conseguir que su país satisficiera los criterios de entrada. Y, sin embargo, ese compromiso es superficial.

Políticamente en primer lugar, los jefes de Estado de los años 2000 no pertenecen ya a la generación de los constructores. Para los Chirac, Jospin, Schröder y Aznar, no es ya la hora de las grandes ambiciones europeas. Para un Joschka Fischer, el ministro verde de Asuntos Exteriores en Alemania, que resucita la antigua gesta mientras dura un discurso, cuenta mucho Hubert Védrine, de bien arraigado escepticismo. No habrá pues, con el euro, aumento del presupuesto comunitario ni nuevas políticas comunes, ni siquiera intensificación de los modos de integración ya existentes. Como observa pérfidamente Mario Monti, el antiguo comisario europeo y actual presidente del gobierno italiano, los países del euro son sistemáticamente los últimos que transfieren a su derecho nacional las directrices comunitarias de organización del mercado interior.

La moneda, de la que se esperaba que produjera una serie de consecuencias en materia de distribución de las competencias entre los Estados y la Unión Europea, de gobernanza y orientación de las políticas económicas, no acarrea así ninguna. Muy al contrario, todo ocurre como si la extensión de los poderes transferidos a escala europea y la magnitud de los esfuerzos presupuestarios aceptados para cualificarse tuvieran como consecuencia un empecinamiento en preservar las demás políticas de cualquier influencia europea. Mientras que la integración financiera entre los países del euro se intensifica y se observa un aumento de las inversiones bancarias transfronterizas, los Estados pretenden conservar todas sus prerrogativas en materia de regulación y supervisión financieras. Mientras que la desaparición del riesgo de cambio incita a las familias a deslocalizar su ahorro y a las empresas a localizar sus beneficios donde la fiscalidad es más débil, la convergencia de la tributación sobre el ahorro y los beneficios de las empresas sigue procediendo a paso de tortuga. Mientras que Estados Unidos y los países emergentes esperan ver cómo se afirma una entidad coherente, capaz de actuar como un factor importante a escala mundial, los Estados conservan individualmente todos sus escaños en el FMI, en el grupo de los Siete o en las organizaciones internacionales especializadas. Por más que miremos en todas direcciones, el euro no sirve de impulso en ninguna parte.

La cosa no sería grave si, por lo menos, cada país se pusiera a sí mismo en condiciones de sacar partido de la integración monetaria y de prever las dificultades que ésta puede crear. Aquí hay que ser preciso porque son fáciles los malentendidos. La participación en una unión monetaria no implica un modelo social único o un alineamiento de las políticas de competitividad, como no implica tampoco un nivel uniforme de gasto público. Es perfectamente posible que coexistan en ella países de negociación salarial descentralizada y otros de negociación centralizada, gobiernos dirigistas y gobiernos intervencionistas, o sistemas nacionales de protección social cuyos principios difieren los unos de los otros. Nada es más falso que la idea de una convergencia mecánica por cuya acción la opción de tener la misma moneda signifique una uniformización general de las políticas nacionales. Sin embargo, la unión monetaria impone a cada país una obligación de coherencia. En una unión monetaria no es posible iniciar una determinada política a la vez que se rechazan sus costes futuros, escudándose en la hipótesis de que, en última instancia, se pagará con la inflación; ni ponerse voluntariamente a tiro de situaciones desestabilizadoras; ni dejar que los precios y costes se deslicen gradualmente al alza, con el riesgo de no poder ya atraer ninguna inversión notable; ni tampoco conservar un sistema de formación de los salarios y los precios incapaz de responder a los desequilibrios en los mercados de bienes y trabajo.

Un país lo ha comprendido bien: Finlandia. Cuando, en 1991, la Unión Soviética se dislocó, perdió ella su principal mercado de exportación y sufrió un violento impacto recesivo que, en parte, fue absorbido por una devaluación. Sus responsables, que no lo han olvidado, se preguntan seriamente lo que harían si aquella desventura se produjera con el país estando ya en el euro. Para prevenir esta eventualidad, conciben un ingenioso sistema de modulación de las cotizaciones sociales según la situación económica, para poder acumular excedentes en periodo de bonanza que les permita bajar dichas cotizaciones en periodo de recesión.

Pero Finlandia es la excepción más que la regla. Ningún país realiza un ejercicio de *stress test* para evaluar la capacidad de su economía a fin de funcionar en régimen de unión monetaria. Casi ninguno realiza una reflexión seria sobre lo que ésta puede implicar para la propia política económica. Casi ninguno se lanza tampoco a un programa de reformas específicamente dedicado a preparar para ello la economía. Grecia no moderniza su Estado y no pone en cuestión las rentas de situación, España no elimina la indiciación automática de los salarios según los precios, e Irlanda no reforma una regulación del crédito que ignora los riesgos de una excesiva laxitud. Ya es bastante, se dicen los gobernantes, con haber tenido que satisfacer las condiciones de entrada. Sólo olvidan que estas condiciones no pretenden más que controlar que la situación presupuestaria sea más o menos sana, y que la economía haya sido capaz, temporalmente al menos, de conseguir cierta estabilidad. Los criterios de Maastricht en nada evalúan la capacidad de una economía para funcionar duraderamente en régimen de moneda única.

Este programa de reformas no es, sin embargo, tan difícil de concebir. Acuciados a preguntas tras la victoria de Tony Blair en el Reino Unido, el ministro de Hacienda Gordon Brown y Ed Balls, su consejero económico, imaginan a toda prisa cinco pruebas destinadas a medir si el país está maduro para el euro. Por mucho que el ejercicio esté apenas hilvanado (pretende sólo justificar la decisión política de permanecer al margen), la gestión es pertinente. Llevará al Tesoro británico a publicar un gran informe que detalla lo que habría que hacer para poner la economía en condiciones de funcionar en régimen de moneda única.

Nos hubiera gustado que los países que habían decidido participar hiciesen lo mismo. Pero éstos tienen otras prioridades. El gran asunto del gobierno de Jospin son las treinta y cinco horas. El euro, para el primer ministro, es competencia de su ministro de Hacienda, Dominique Strauss-Kahn. Gerhard Schröder hace hincapié en su programa de reformas del empleo y la protección social, llamado Agenda 2010, y, sobre todo, no quiere que Bruselas se meta en eso. A la Comisión Europea que, tímidamente, procura promover el programa de reformas llamado «de Lisboa», le hace saber que no quiere oír hablar de ninguna clasificación de los países según sus esfuerzos y sus logros. Es paradójico, porque Bruselas, que está más bien de acuerdo con las reformas alemanas, habría puesto en el cuadro de honor a Berlín. Pero así es. Y lo mismo ocurre en la mayoría de los países. En ninguna parte la política económica y social es repensada en función de la participación en el euro. Bastantes esfuerzos se han consagrado ya a la puesta en marcha del proyecto y a la convergencia hacia los criterios de Maastricht. Pasemos a otra cosa, parecen pensar todos los gobernantes.

Hay que rendirse a la evidencia: esta moneda no sólo está huérfana del proyecto europeo que le daba sentido. Es también estéril puesto que, contrariamente a las expectativas, no provoca toma de conciencia, no impulsa reformas y no suscita cooperaciones. Los técnicos han hecho impecablemente su trabajo: la transición de un régimen monetario a otro se ha llevado a cabo sin sacudidas. Los ciudadanos se acostumbran poco a poco a ese nuevo instrumento, los viajeros valoran su comodidad y las empresas aprecian verse liberadas del riesgo de cambio. Pero el paso al euro no provoca la sacudida esperada. Los primeros ministros han delegado la gestión de la moneda en los banqueros centrales y el cumplimiento de una vago régimen disciplinario a los ministros de Hacienda. Por lo demás, consideran que el asunto está ya hecho, y no se ocupan más de él.

Que esperen un poco y ya verán.

Segunda parte

Crisis anunciadas, crisis inesperadas

6

El decenio dorado

En aquel día de mayo de 2006, Miguel Sebastián no es todavía ministro de Industria, pero irradia confianza. «Es muy sencillo –explica el jefe de los asesores económicos de José Luis Rodríguez Zapatero, el primer ministro español–. Hasta hacía muy poco creíamos que España tendría 35 millones de habitantes en 2030. Hoy pensamos que se acercará mucho a los 50 millones. Nos hemos convertido en un país de inmigración, y eso lo cambia todo.»

Eso cambia, en efecto. En España, a mediados de los años 2000, los obreros agrícolas son magrebíes; los de la construcción, polacos o rumanos, y los camareros de cafetería, colombianos o ecuatorianos. Por lo que se refiere a los jubilados, son cada vez más numerosos, con la ayuda de los vuelos *low cost*, los que llegan de la Europa del norte para pasar sus últimos inviernos al sol.

Un país cuya población aumenta necesita infraestructuras, escuelas, hospitales, viviendas. Sobre todo viviendas. Los precios del sector inmobiliario emprenden el vuelo (se triplicarán entre 1998 y 2008). De modo que se construye mucho: más de 700.000 alojamientos al año mediado el decenio, contra unos 400.000 en Francia (cuya población es, sin embargo, el 50% mayor). En 2007, la construcción emplea el 13% de la población activa, contra el 7% en Francia. La capa urbana se extiende y las costas se cubren de una monótona alfombra de residencias veraniegas.

El argumento demográfico parece creíble. Pero la historia se parece con pelos y señales a la descrita por el economista John Kenneth Galbraith en *La crisis económica de 1929* refiriéndose a la Florida de los años 1920. «El *boom,* escribe, contenía todos los elementos de la burbuja especulativa clásica», comenzando «por el indispensable elemento sustancial» (hoy la inmigración; ayer como hoy un clima atractivo y la caída del coste de los transportes), sobre cuya base se construía un mundo habitado por «gente que no necesita ser convencida para creer», sino que «quiere un pretexto para creer». Un mundo donde los compradores «no esperan vivir sobre los terrenos que adquieren», de los que, por otra parte, «no es fácil suponer que alguien vivirá jamás en ellos», pero donde «activos de dudosa calidad aumentan cotidianamente de valor y pueden ser revendidos con beneficios después de quince días».

La España de los años 2000 vive en este mundo. Todos los que tienen algún modo de participar en el frenesí inmobiliario compran y venden con la única ambición de realizar ganancias de capital. Los bancos y las cajas de ahorros (que será necesario reestructurar en serie a partir de 2007) ofrecen créditos a quienes lo deseen. Miríadas de pequeños empresarios financian así un hormigonado a troche y moche, mientras el gobierno comienza a soñar en que los gigantes de la construcción se convierten en campeones europeos. La cosa dura hasta 2007, luego el mercado comienza a cambiar, antes del repliegue generalizado que sigue a la gran crisis financiera de 2008.

Salvo por algunos detalles, Irlanda vive la misma dinámica, y en ambos casos todo termina muy mal cuando la burbuja estalla: enormes existencias de alojamientos vacíos, empresarios arruinados, obreros de la construcción obligados al paro, bancos cuyos créditos no valen ya nada, una profunda recesión, una caída de las recaudaciones fiscales y una economía gravemente desequilibrada por la hipertrofia de la construcción y la asfixia del sector industrial.

¿Qué relación tiene eso con la moneda? El ejemplo de Estados Unidos, con sus *créditos basura,* demuestra muy a las claras que las crisis inmobiliarias no son sólo cosa de los países de la zona euro. Pero no cabe duda de que la unión monetaria tiene algo que ver con el *boom.* En primer lugar es un asunto de tipos de interés. En Europa todo se hizo para favorecer la movilidad de los capitales y permitir que el ahorro se invirtiese del modo más productivo. Puesto que el riesgo de cambio ha desaparecido en el seno de la zona euro, esto significa prestar al mismo tipo en Madrid y en Frankfurt –salvo si se sospecha de la solvencia de algún deudor. Los bancos se intercambian diariamente líquido y a los bancos españoles no les cuesta en absoluto obtener recursos de sus homólogos. La igualación de los tipos a los que los bancos se prestan entre sí forma parte de la lógica del euro. Sobre esta base, los tipos aplicados a los créditos a las empresas o a los particulares pueden diferir un poco de un país a otro, pero no mucho.

En cambio, los precios no son los mismos de un país a otro, especialmente los precios de los bienes y servicios difícilmente transportables. Por mucho que el metro cuadrado sea más caro en París que en Berlín, raros son los parisinos que emigran para conseguir un alojamiento más barato. Los niveles de precios pueden, pues, diferir de forma permanente, y su evolución –las tasas de inflación– también. Eso es cierto tanto en la zona euro como entre los Estados americanos.

Sin embargo, aunque las tasas de inflación diverjan, no ocurre lo mismo con el tipo de interés *real* del crédito. Para un mismo tipo nominal (el tipo de un préstamo en euros), digamos el 4%, el tipo que realmente soporta el prestatario será del 1% en el país donde la inflación sea del 3%, cuando será del 3% en el país donde la inflación sea sólo del 1%. En el primer caso, efectivamente, la renta de las familias tiene todas las posibilidades de progresar con mayor rapidez, y la carga de los intereses de los préstamos es, pues, menos elevada. Como ese coste real del crédito es menor en los países donde la inflación es más elevada, la demanda crece en ellos y, por lo tanto, el diferencial de inflación perdura, o aumenta. En vez de que el banco central del país pueda responder aumentando los tipos y, por lo tanto, poniendo freno al crédito, éste sigue desarrollándose mientras los bancos pueden procurarse recursos baratos y lograr beneficios sobre los créditos que conceden.

Es típicamente un mecanismo acumulativo, que estaba bien identificado, por otra parte, y había sido señalado con el dedo ya en los años 1980 por el consejero económico de la señora Thatcher, Alan Walters –en aquel tiempo para oponerse a la entrada de la libra en el sistema monetario europeo. Para que este mecanismo se pusiera en marcha era necesario, sin embargo, un disparador. Éste iba a proceder de la rápida convergencia en las economías periféricas, donde los tipos de interés eran sensiblemente más altos que en Alemania: en España, el tipo a largo plazo era de más del 11% en 1995, cuando prevalecían las dudas sobre la posibilidad de realizar la unión monetaria; cuatro años más tarde, tras la entrada en el euro, eran de menos del 5%. Tan fuerte y rápida caída sólo podía provocar una cascada de créditos.

Frente a esta dinámica desestabilizadora, existe efectivamente, en teoría al menos, un mecanismo corrector. A medida que la inflación persiste y el nivel de los precios aumenta, a los productos nacionales les cuesta cada vez más venderse, mientras que los consumidores se vuelven hacia los productos extranjeros. La industria, el turismo, la agricultura, que están sometidos a la competencia internacional, sufren y pierden empleo. Al final, eso acaba por calmar el *boom* e invertir la tendencia. Ese mecanismo es, sin embargo, débil y terriblemente lento (no es una sorpresa; es el diagnóstico que se había hecho de entrada sobre los riesgos de la unión monetaria). Por cada empleo destruido en la industria por la pérdida de competitividad, hay por lo menos otro que se crea en el sector inmobiliario o de servicios por la estimulación artificial que suscita la caída del tipo de interés real. En España, el déficit exterior se degrada del 4% del PIB al 10% entre 2000 y 2007, pero el paro pasa del 14 a aproximadamente el 8%. La participación de la industria en el empleo pasa del 18 al 15%, la del sector inmobiliario y de servicios del 47 al 52%. Mientras dura, la burbuja manda.

A falta de poder aumentar los tipos de interés, el Banco de España puede actuar supervisando y regulando la calidad del crédito. Los bancos centrales nacionales conservan, en efecto, la responsabilidad de la estabilidad financiera y, por lo tanto, la facultad de imponer a sus bancos prudencia en la concesión de créditos. Esto no basta tampoco. Por mucho que el Banco de España multiplique las advertencias e imponga a los bancos que hagan provisiones para pérdidas en sus créditos inmobiliarios (el Banco de España es famoso en Europa por haber promovido el aprovisionamiento dinámico, cuyo objetivo es precisamente frenar las aceleraciones cíclicas), el frenesí, también aquí, domina.

El único medio de calmar esta aceleración sería que el gobierno lo metiera en cintura directamente. En el plano macroeconómico, es particularmente prudente, puesto que en 2007 el presupuesto es excedentario en un 2% del PIB y la ratio de deuda pública está en rápida contracción. Es difícil hacer algo más. Para ser eficaz, tendría que intervenir directamente y reventar la burbuja. Podría, por ejemplo, reducir la duración de las hipotecas (se introdujo la posibilidad de endeudarse durante cuarenta o cincuenta años), imponer unos pagos hipotecarios mínimos, suprimir las ventajas fiscales concedidas a la inversión inmobiliaria. Podría, pero cada una de estas medidas es políticamente costosa, y cada una afectaría especialmente a una u otra categoría social o demográfica. Haría inevitablemente más arduo el acceso a la propiedad de los jóvenes y las clases medias. Ningún dirigente político se atreve a cargar con esa responsabilidad.

Por lo que se refiere a las instituciones europeas, que tienen una responsabilidad de vigilancia, y a los países socios, que debieran ejercer lo que la jerga denomina la presión de los pares, se limitan a formular corteses observaciones.

Hay que decir, en su descargo, que no puede pensarse en un simple control de las tasas de inflación. Pueden existir, en efecto, excelentes razones para que éstas difieran. Los países del euro están lejos de tener todos el mismo nivel de desarrollo: en 1999, el PIB por habitante de Austria es un 60% superior al de Portugal. Correlativamente, los *niveles* de precios no son los mismos. La recuperación de los países más pobres debía traducirse en una recuperación de sus niveles de precios y, por lo tanto, en una subida de precios –la inflación– más fuerte. Es un mecanismo equilibrador al que no hay razón alguna para ponerle trabas. Entre países igualmente desarrollados, puede ser también necesario que los precios evolucionen de maneras distintas. Por ejemplo, un país cuyas producciones ganan en calidad y son más demandadas en el mercado mundial acabará inevitablemente vendiendo más caro su trabajo. Salarios y precios aumentarán pues, durante algún tiempo, con más rapidez que los de un vecino menos creativo. La diferencia de las tasas de inflación puede, pues, ser la mejor de las cosas, como puede ser la peor, cuando la subida de los precios se acelera en un país ya de por sí poco competitivo y cuyo desarrollo flaquea.

Durante los diez primeros años del euro, una inflación media del 3,2% en España, por el 1,7% en Alemania, hubiera debido de bastar, sin embargo, para encender las señales de alarma. Pero, por aquel entonces, el sistema de política económica europeo se apoya ampliamente en la idea de que la economía privada es espontáneamente estable y los problemas proceden de los resbalones del sector público. Se cree ingenuamente que, en el seno de una zona monetaria unificada, los déficits exteriores no tienen ya mucha importancia. Y, por añadidura, nadie tiene muchas ganas de buscarle las cosquillas al gobierno de Madrid sobre temas como la reglamentación del crédito o la fiscalidad, que pertenecen al dominio reservado de los Estados.

El caso de España es significativo porque sus cuitas recientes no pueden atribuirse a un fraude en las cuentas públicas, como en Grecia, o a una expansión desenfrenada del sector financiero, como en el caso de Irlanda. De 2001 a 2007, el país lo hace claramente mejor que Alemania en materia de déficit presupuestario. Sin embargo, no es ejemplar. En realidad, ocurre con los países en dificultades de la zona euro, como con las familias infelices según Tolstói: cada uno es desgraciado a su modo.

Podemos distinguir tres tipos de casos. En el primero, el mal procede principalmente de las finanzas públicas. Esencialmente es cierto para Grecia que, hasta 2009, subrepticia pero sistemáticamente, violó las reglas comunes. En otros países –Portugal e Italia especialmente– la gestión presupuestaria fue indolente o imprudente, pero es difícil hacer que cargue con la responsabilidad esencial.

En el segundo tipo de casos, el problema principal fue una expansión incontrolada del crédito privado que, dada la caída del ahorro que resultó de ella, indujo el déficit exterior, la pérdida de competitividad y, en última instancia, a la crisis bancaria y al deterioro de las finanzas públicas. Es, como hemos visto, la situación de España. Es también la de Irlanda, donde la reflotación del sistema bancario tuvo un coste presupuestario astronómico, cifrado actualmente en el 40% del PIB (al margen del coste potencial de las garantías concedidas por el Estado a la institución encargada de la reestructuración bancaria).

Existe por fin un tercer tipo, el de los países que permitieron que su competitividad se deteriorara lentamente, cuyo arquetipo es Portugal. Su problema no es tanto que desperdiciara los beneficios presupuestarios del bajón de sus costes crediticios (el déficit de sus cuentas públicas nunca fue inferior al 2,7% del PIB desde que entró en el euro), sino que este país, especializado en los productos de bajo coste, sufrió de lleno el doble efecto de la competencia china y la de los países de la Europa centro-oriental. De modo menos dramático, Italia y Francia sufrieron también, año tras año, pérdidas de mercado en la exportación y un aumento del déficit exterior.

Crisis cardiaca, infarto o soplo en el corazón, los tres tipos de males difieren tanto en gravedad como en su naturaleza. Por eso es importante distinguirlos. Naturalmente, ninguna situación nacional es químicamente pura: Grecia sufre un pesado déficit de competitividad, mientras que Italia paga por no haber sacado partido de las buenas condiciones financieras del comienzo del euro para cuadrar sus finanzas públicas. Naturalmente, las situaciones clínicas evolucionan también con el tiempo. Naturalmente, por fin, miedo y contagio en los mercados de la deuda pública acabarán convirtiendo todas esas enfermedades en otras tantas manifestaciones de una sola y gran crisis de la zona euro. Sin embargo, es útil hacer un diagnóstico preciso del origen de las dificultades.

Quedan, evidentemente, los países que van bien, y sobre los que nos preguntamos si prosperan por su propia virtud o por la desgracia de los demás.

7

La larga penitencia

¿Es posible aún salvar Alemania? Por muy asombroso que parezca, bajo este título Hans-Werner Sinn, el más famoso de los economistas alemanes, presenta en 2003 su análisis de las miserias del país. Se olvida hoy con demasiada facilidad, frente a su resplandeciente prosperidad, que Alemania entró en el euro en una posición menos buena, y que sólo salió de sus dificultades iniciales imponiéndose una larga penitencia.

Las cifras son claras. En 1999, primer año del euro, Francia tiene el excedente exterior (llamado de pagos corrientes) más alto de su historia: 43.000 millones, mientras que Alemania está en un déficit de 25.000 millones. Exactamente lo contrario de sus tradicionales situaciones. En 2010, no obstante, Francia se ha sumido de nuevo en el déficit, hasta los 33.000 millones. Alemania, en cambio, vuelve a tener superavit, y del más hermoso modo: su saldo es positivo en 141.000 millones. Este salto es elocuente por lo que se refiere al primer decenio del euro.

La Alemania del final de los años 1990 no ha acabado de ajustarse a los efectos de la unificación. La caída del muro de Berlín ha llevado, más deprisa de lo que nadie podía imaginar, a la unión «económica, monetaria y social» entre una Alemania Occidental próspera y competitiva y una Alemania Oriental cuya economía se derrumbó literalmente en cuanto se vio confrontada a la competencia internacional. Cuando tuvieron acceso a ella, los ciudadanos de los nuevos *Länder* sólo quisieron adquirir productos de la economía capitalista, mientras que las infraestructuras y los equipamientos de las empresas

tuvieron que ser renovados por completo. Este *boom* de la demanda, financiado por transferencias procedentes del Oeste, fue muy
exigente con el aparato productivo alemán occidental, y tuvo como
consecuencia cierta inflación. Nada dramático, es cierto, puesto que
la subida de los precios culmina en el 4% en 1992, aunque bastante
para que Alemania conozca, año tras año, una inflación mayor que la
de Francia. Entre la caída del muro de Berlín, en 1989, y la transición
entre monedas nacionales y euro, diez años más tarde, los costes de
producción en la industria alemana se desviaron más del 10% en
comparación con los de Francia. Los productores sufren tanto como
en Italia o España que, al devaluar sus monedas en 1992-1993, se be-
nefician de un tipo de cambio de entrada favorable.

Son, podríamos decir, condiciones ideales para los socios de Alemania, que no pueden contar como ella con una densa red de empresas exportadoras, y temen por ello no estar en condiciones de
aguantar su competencia. En efecto, la entrada en el euro es notablemente fácil para todos estos países. Pero, como contrapartida,
Alemania se impondrá casi diez años de penitencia para corregir su
deficiencia inicial.

El esfuerzo procede primero de los actores económicos y sociales.
Las empresas evalúan muy pronto la magnitud del desafío. No sólo
han perdido competitividad con respecto a sus homólogos de la zona
euro, sino que además los ex países del Este han concluido la primera fase de su transición y se han convertido en territorios de elección
para la inversión industrial, mientras que se ponen de relieve la magnitud de la capacidad de China y la velocidad de su recuperación técnica e industrial. Para responder, las empresas alemanas inician unos
esfuerzos de productividad sin precedentes. Se reestructuran a fondo
para deslocalizar todos los segmentos de la cadena de producción en
los que no tienen ventajas las sedes del país, y concentran su actividad
en los segmentos de fuerte intensidad innovadora y de mano de obra
cualificada.

Para evaluar la magnitud de esta revolución productiva, lo más
elocuente es comparar, con diez años de separación, los niveles de
exportación e importación. En 1998, último año antes del euro, las
semejanzas son muy fuertes: las exportaciones de bienes de Alemania
representan el 29% de su PIB, las importaciones el 27%. En Francia,
las mismas cifras son del 26% y el 24%. Ambos países exportan e im-

portan pues, cada cual, un cuarto de su PIB[1]. Alemania está marginalmente más abierta, sobre todo si se tiene en cuenta que la economía es de mayor tamaño, pero la diferencia no es cualitativa. En 2008, en cambio, la diferencia es considerable: las exportaciones alemanas se elevan al 47% del PIB, las importaciones al 41%, es decir respectivamente 18 y 14 puntos más que diez años antes; en Francia, la participación de las exportaciones sólo ha aumentado un punto, hasta el 27%, y la de las importaciones 5%, hasta el 29%.

Entre ambas fechas, la industria alemana se ha reinventado. Importa y exporta tanto porque se inscribe en una división internacional del trabajo hecha de múltiples intercambios con filiales y subcontratantes establecidos en la Europa central y en otros lugares. Durante cierto tiempo, se pensó (y era otro titular-impacto del propio Hans-Werner Sinn) que el país se transformaba en una «economía de bazar», una especie de improductivo despacho de importación-exportación. Ocurrió lo contrario: mientras la economía francesa permanecía ampliamente petrificada en sus estructuras de los años 1990, Alemania se reavivó por medio de la deslocalización. Perdió, claro está, empleos, puesto que los segmentos más intensivos en mano de obra fueron deslocalizados, pero el total del empleo industrial bajó menos que en Francia. Alemania no sólo exporta más, sino que el número de empresas exportadoras ha aumentado un 20%, cuando en Francia bajaba un 15%.

La purga fue severa para los asalariados alemanes. Durante el mismo decenio, sus salarios en euros corrientes sólo aumentaron el 18% y su poder adquisitivo no aumentó en absoluto. La participación de los beneficios en el valor añadido de las empresas aumentó, a su vez, casi cuatro puntos. En parte es el resultado de los esfuerzos realizados: los sindicatos aceptaron el estancamiento del poder adquisitivo a cambio del mantenimiento de empleos industriales. Es también efecto de una política económica que, sobre todo a partir de 2003, acompaña estas transformaciones. El canciller Gerhard Schröder, que había iniciado su primer mandato bajo el signo de la reactivación,

---

[1] Tal vez el lector se extrañe de que las exportaciones alemanas sean superiores a las importaciones, cuando Alemania tenía un déficit exterior. Aquí se trata de las cifras de exportaciones e importaciones, mientras que el saldo exterior (balanza de pagos corrientes) tiene también en cuenta las rentas del capital y las transferencias.

amplía entonces el movimiento que se ha iniciado en la industria poniendo en marcha, bajo la bandera de la Agenda 2010, una serie de reformas del mercado de trabajo: creación de una categoría de miniempleos con una tasa de cotización social reducida, reestructuración de los servicios de indemnización y de colocación de los parados, reducción del tiempo de indemnización por el paro. Por lo que a Angela Merkel se refiere, pondrá en marcha a partir de 2005 una reforma fiscal que rebajará las cotizaciones salariales y contribuirá a fortalecer la competitividad alemana. Ese clima no es evidentemente propicio ni a las reivindicaciones salariales, ni al frenesí inmobiliario, ni a la aceleración del consumo. Precisamente cuando la mayoría de los europeos –incluidos el Reino Unido y la Europa central– se entregan al gasto, los alemanes ahorran cada vez más. Durante los años 2000, el consumo per cápita sólo avanza un 9%, por el 19% en Francia, el 22% en España y el 39% en Grecia.

Esa asimetría revela, al principio, una corrección necesaria, un efecto de péndulo tras la pérdida de competitividad sufrida por Alemania durante el precedente decenio. Perdurando, se convierte en doblemente desestabilizadora.

Lo es primero por la simple acción de las demandas relativas: la expansión de la demanda en Europa del sur y el estancamiento de esta misma demanda en Alemania suscitan por efecto mecánico déficits exteriores en quienes consumen y superávits en quienes ahorran. Los unos aparecen así como la contrapartida, o la consecuencia, de los otros. Como dirá en 2010 Christine Lagarde, por aquel entonces ministra francesa de Hacienda, «hay que ser dos para bailar el tango». Evidentemente, nada impone que los superávits de los unos sean los déficits de los otros, pues la zona euro no es una economía cerrada. Pero es así.

Esta interdependencia no es producto del azar. Uno de los objetivos de la unión monetaria era facilitar la circulación del ahorro en su seno, como sucede en el interior de un país. En Francia, nadie o casi nadie se pregunta si el ahorro que financia las inversiones efectuadas en Bretaña procede de Île-de-France, de Rhône-Alpes o de la propia Bretaña. Circula sin traba alguna de un extremo al otro del país, y las únicas cuestiones pertinentes son las de saber si las inversiones son juiciosas, y si su tipo de financiación (vía crédito o acciones, por ejemplo) es adecuada. Al suprimir el riesgo de cambio, el euro tiene los mismos efectos, con la diferencia de que el aumento de la diferencia de los superávits-déficits es súbito y masivo. El ahorro del norte se dirige brutalmente hacia el sur, ampliamente canalizado por el sistema bancario. En este sentido, el estancamiento de la demanda alemana alimenta efectivamente el *boom* español. El segundo factor de desestabilización se debe a la política de los tipos de interés. Con razón, el Banco Central Europeo se cuidó mucho de anunciar de buenas a primeras que conduciría su política monetaria en función de la situación de la zona euro en conjunto. Ni hablar, dijo, de tener en cuenta las coyunturas particulares de los distintos países. Por lo demás, aunque lo quisiera, de todos modos no podría hacerlo por el canal de los tipos de interés: la tasa del crédito interbancario, que él dirige, es la misma en todas partes. Para tomar sus decisiones, el BCE se limita a analizar la situación agregada de la entidad «zona euro». Ahora bien, Alemania, por su peso demográfico y económico, representa el 28% de este conjunto. Una débil inflación alemana influye, pues, significativamente en la media, y lleva al BCE a realizar una política más bien expansionista.

Se produce así, durante el primer decenio del euro, exactamente lo contrario de lo que habían denunciado algunas críticas superficiales. El rigor alemán no se impone a los socios de la zona euro, como se había anunciado. Muy al contrario, la penitencia alemana tiene por efecto que el BCE mantenga su tipo de interés demasiado bajo con respecto a lo que sería necesario en España, Grecia y otros. Al hacerlo, alimenta su inflación.

Boom en el sur, atonía en el norte, el mecanismo infernal se ha puesto en marcha. Es poderoso. Sobre todo va a funcionar demasiado tiempo. Pues el gobierno alemán no se arriesga a señalar el final de la penitencia como el gobierno español no se atreve a interrumpir la fiesta. Cada cual persevera, durante tanto tiempo como puede. Hasta la crisis.

8

El culpable perfecto

Los irlandeses tienen sentido del humor. ¿Cuál es la diferencia entre Irlanda e Islandia?, preguntaban tras la crisis bancaria que, en otoño de 2008, había aniquilado el sistema bancario islandés. Una letra (Ireland/Iceland) y seis meses. Fueron necesarios once.

Los cinco meses de retraso le valieron a Grecia, más que a Irlanda, ser el primer país de la zona euro que entró en el programa de ayuda financiera de los socios europeos y del Fondo Monetario Internacional. Por consiguiente, la interminable discusión sobre los principios y modalidades de esta ayuda, que movilizó a los europeos a partir de los inicios de 2010, se refirió esencialmente a Grecia. Y para la opinión europea, especialmente la alemana, la crisis se leyó a través del prisma griego.

Nunca sabremos qué habría pasado si Brian Cowen, el primer ministro irlandés, hubiese reconocido antes que Georges Papandreu, su homólogo griego, que su país no podía ya arreglárselas solo. Pero es probable que la secuencia hubiera sido distinta.

Pues a pesar de las torpezas fiscales que le reprochan los franceses, Irlanda habría sido un culpable molesto. Las extravagancias inmobiliarias y las locuras financieras a las que se entregó durante los años 2000 ofrecen una imagen monstruosamente ampliada de los defectos de las economías avanzadas. Salvo por la sofisticación financiera, se encuentran en ella los mismos comportamientos, los mismos vicios que condujeron a Wall Street a la debacle de 2008. Y los *Landesbanken*, los bancos regionales alemanes, que habían multiplicado las filiales en Dublín, eran los últimos que podían distanciarse de ello.

En cambio, el comportamiento de Irlanda con respecto a las normas presupuestarias europeas era considerado ejemplar, con una reducción de su deuda del 54% del PIB en 1998 al 25% en 2007.

Grecia, por el contrario, es la culpable ideal. Tras haber utilizado la creatividad contable para cualificarse y unirse al euro en 2001, maquilló deliberadamente sus cuentas para ocultar que estaba mucho más allá del umbral del 3% del PIB a partir del cual el déficit presupuestario expone a sanciones. La deuda pública se acerca al 130% del PIB a finales del 2009, cuando la norma europea (pocas veces respetada, es cierto) es del 60%. Al contrario que Portugal, por ejemplo, que, a falta de modernizar su economía, se dotó al menos de excelentes infraestructuras, Grecia dilapidó durante mucho tiempo los fondos de desarrollo que le paga la Unión Europea con el objetivo de estimular su recuperación económica. El clientelismo gangrena la administración. El fraude fiscal alcanza proporciones astronómicas, y el gobierno suele suspender todos los controles fiscales en cuanto se acerca un año electoral. Innumerables reglamentaciones embridan la productividad y preservan las rentas de situación de profesiones protegidas. Como guinda, la edad de la jubilación es más precoz, las pensiones más generosas y las ventajas más numerosas que en la mayoría de los demás países europeos.

Que este país haya acabado pidiendo la ayuda de sus socios es para la Europa del norte incomprensible y escandaloso. Los profesores de universidad hacen la lista de quebrantamientos de las reglas comunes de los que Atenas se ha hecho culpable con el transcurso de los años, y se preguntan qué valdrán mañana esas reglas si se consiente en recompensar la infracción. La opinión pública, por su parte, se inflama ante el enunciado de las extravagantes situaciones que la prensa revela. El diario *Bild*, que tira cuatro millones de ejemplares, convierte la jubilación helena en el símbolo de una solidaridad descarriada y exige que, antes de ayudar a los griegos, éstos se impongan a sí mismos los sacrificios que los alemanes aceptaron hace ya años.

Para Alemania, la crisis griega parece por completo una tragedia. Su guión fue escrito veinte años antes por los opuestos al euro. Ya veréis, decían, los países mediterráneos no están dispuestos a someterse a la disciplina que exige una moneda estable. No sabrán controlar sus finanzas públicas, sólo lo fingirán. Financiarán su gasto con deuda, y cuando no sean ya capaces de devolverla, pedirán a sus socios que paguen por ellos. Todo estaba pues allí, salvo el nombre del país. Los franceses, por aquel entonces, temían eventualmente la erosión de la competitividad, las diferencias de coyuntura, la inadaptación de la política monetaria a las necesidades de un conjunto vasto y dispar. Los alemanes, por su parte, estaban obsesionados por la deuda pública.

Para protegerse de su pesadilla, Alemania exigió garantía tras garantía, pretil tras pretil: la cláusula de «no-rescate» (*no bail-out*), la prohibición al banco central de financiar los déficits de los Estados, la obligación de que éstos impidieran los déficits públicos «excesivos», las restricciones cuantitativas, el utillaje de vigilancia, la posibilidad de sanciones pecuniarias a los contraventores y, finalmente, el Pacto de Estabilidad.

Como en toda buena tragedia, ni la presencia del destino ni la voluntad de conjurarlo pudieron detener lo inexorable. La ironía quiso incluso, como es debido, que Alemania contribuyera a su propia desgracia. En efecto, en 2003, la aplicación del Pacto de Estabilidad hubiera exigido que se dirigiera una reconvención formal de poner orden en sus finanzas públicas a Alemania y Francia, cuyos déficits superaron coyunturalmente el umbral del 3%. Berlín, que nunca consideró poder ser objeto de reprimenda, se encabritó y se alió con París para bloquear la reconvención. Ambos países reclamaron y obtuvieron una reforma del Pacto, que Romano Prodi, presidente de la Comisión, calificó de «estúpida». La reforma fue una mejora, puesto que llevó a tener más en cuenta la influencia del ciclo económico en las finanzas de los Estados, pero la operación perjudicó evidentemente la credibilidad del dispositivo.

En 2005, Berlín cometió otra falta. La oficina estadística europea, que comenzaba a albergar serias dudas sobre la calidad de las cuentas griegas, pidió que se le otorgaran poderes de investigación: que en vez de tomar sólo nota de las cifras que se le comunicaran, y eventualmente de solicitar la reclasificación de esa o aquella operación, pudiera llevar a cabo verificaciones de los documentos sobre el terreno. Temiendo que esos poderes pudieran ser algún día utilizados contra ellos, los Estados –encabezados por Berlín y París– se negaron a dejar que Eurostat llevara a cabo aquellas auditorías. Para conocer la verdad será necesario esperar a 2009 y las confesiones de Georges Papandreu.

De hecho, en Europa todo el mundo sospechaba de la calidad de las cuentas griegas. El FMI había expresado también sus dudas en uno de sus informes. Pero nadie sospechaba la magnitud del desastre, y nadie tenía ganas de enojar a Atenas. Sólo a posteriori se reconoció la gravedad de aquel fallo en la vigilancia que las autoridades europeas habían recibido la misión de ejercer. Ese fracaso, cuyo coste es considerable, justifica que una de las primeras decisiones de los europeos, desde el inicio de la crisis griega, fuese la de poner en marcha una revisión del Pacto de Estabilidad. La nueva legislación prevé mayores poderes de investigación, una obligación numérica de reducción de las deudas públicas superiores al 60% del PIB, la posibilidad de sanciones ya antes de que se supere el umbral del 3% y una aplicación casi automática de las sanciones propuestas por la Comisión Europea, puesto que en vez de ser aprobadas por los propios Estados serán puestas en marcha en cuanto no se encuentre una mayoría para bloquearlas.

Sería erróneo, sin embargo, atribuir los problemas de las finanzas públicas de la zona euro sólo a un fallo en la puesta en marcha de las sanciones. Estos problemas se deben por igual, al menos, a la concepción del tipo de vigilancia. Además de los defectos de aplicación en los que se concentró el debate público, la crisis reveló en efecto dos graves carencias del dispositivo europeo de prevención de las crisis. La primera se debe a la hipótesis de que, para conjurar los riesgos de inestabilidad, es importante sobre todo, y a fin de cuentas basta, evitar las desviaciones de gasto de la esfera pública. Esta idea se reveló gravemente errónea. Irlanda y España, pero más generalmente la crisis financiera de 2007-2008, demostraron que los comportamientos privados hacían correr tanto riesgo como los comportamientos públicos. La obsesión presupuestaria de los arquitectos del tratado de Maastricht parece, a posteriori, basarse en un presupuesto ideológico de estabilidad intrínseca de la economía privada, cuya falsedad han demostrado los recientes acontecimientos.

La segunda procede de la hipótesis implícita según la que basta con vigilar los déficits año tras año para prevenir los riesgos de siniestro en materia de finanzas públicas. En realidad, no es así. Italia nunca ha superado gravemente el límite del 3% del déficit, pero ha permanecido lo bastante cerca para que su deuda pública siga siendo ampliamente superior al 100% del PIB. Irlanda se comportó siempre de modo ejemplar según el criterio de déficit, pero corrió un riesgo considerable al alentar el desarrollo de un sistema bancario hipertrofiado y permitiendo que acumulara riesgos sobre su cartera de títulos y créditos. Cuando el sistema bancario comenzó a derrumbarse y los depositantes dieron las primeras señales de pánico, el Estado garantizó inmediatamente la integridad de los depósitos para evitar una retirada en masa de los haberes en las cuentas bancarias. Luego garantizó las deudas obligatorias de los bancos, tomando a su cargo así lo esencial de sus pérdidas y degradando gravemente su propio balance. Al mismo tiempo, el estallido de la burbuja del crédito tuvo como efecto una caída de las recaudaciones fiscales y sociales y, por consiguiente, un aumento del déficit.

Puesto que el Estado es siempre y en todas partes el postrer asegurador, las finanzas públicas están forzosamente a merced de todos los riesgos de inestabilidad económica y financiera. Algunos de estos riesgos son de origen público –sería ingenuo ignorar los peligros que puede hacer correr la gestión electoralista de los déficits y de la deuda–, pero otros, igualmente graves, son de origen privado. Reconocer esta realidad y concebir un sistema de vigilancia que pretende prevenir a la vez ambos tipos de riesgos es ciertamente menos cómodo que estigmatizar las desviaciones caricaturescas de un pequeño país mediterráneo que no ha concluido aún su entrada en la modernidad, y reclamar hasta desgañitarse un endurecimiento de las sanciones. Pero es igualmente necesario, como mínimo.

La buena noticia es que la Unión Europea lo ha aceptado ya, y ha revisado sus procedimientos para vigilar de cerca el crédito y los saldos exteriores, cuya evolución es un buen indicador de los desequilibrios del ahorro y de la inversión. La obsesión casi exclusivamente presupuestaria de los primeros tiempos del euro debiera dar paso a una consideración más equilibrada. Eso, evidentemente, nada cambia en los problemas inmediatos, y sólo el porvenir dirá lo que esos nuevos dispositivos de vigilancia van a aportar.

No obstante, los debates políticos europeos permanecen centrados sólo en la faceta presupuestaria y tardan en reconocer que los problemas de la zona euro no proceden todos ellos de los funcionarios portugueses y los jubilados griegos.

9

¿Ayudar o no?

11 de febrero de 2010: los jefes de Estado y de gobierno europeos publican su primer comunicado sobre Grecia. Han transcurrido cuatro meses desde que Georges Papandreu reveló el desastroso estado de las finanzas públicas del país. Los mercados de la deuda pública, en los que Atenas podía hasta entonces encontrar préstamos sin dificultad, dan muestras de un creciente nerviosismo. La diferencia de los tipos de interés a diez años con respecto a Alemania –el *spread*– pasó de menos de dos puntos a casi cuatro. Georges Papandreu se ha puesto ya en contacto con Dominique Strauss-Kahn, el director general del Fondo Monetario Internacional (FMI), una de cuyas misiones es proporcionar asistencia financiera a los países a quienes no quieren ya prestar los acreedores privados. Pero se le ha respondido que el FMI no podía ayudar a un país de la zona euro sin la conformidad de los europeos. Pero éstos están divididos: algunos, con Angela Merkel a la cabeza, quieren apelar al Fondo. Otros, en especial Jean-Claude Trichet, abogan por una solución puramente europea.

Las decisiones de los dirigentes europeos se esperan pues con gran impaciencia. Y decir que decepcionan es decir poco. Ciertamente, el comunicado afirma que los Estados «tomarán medidas decididas y coordinadas, si es necesario, para preservar la estabilidad financiera de la zona euro en conjunto» (una fórmula que volverá a servir). Pero, por lo demás, se ruega a Grecia que se satisfaga con algunos estímulos. Se requiere a su gobierno actuar de modo que el déficit presupuestario para el año en curso sea llevado al 4% del PIB (de hecho superará el 10%), mientras que la Comisión y el BCE son invitados a «vigilar estrechamente» la puesta en práctica de medidas correctoras «apoyándose en el peritaje técnico del FMI». Finalmente, se recuerda *urbi et orbi* que «el gobierno griego no ha pedido apoyo financiero alguno».

Los dirigentes de la zona euro pretenden tranquilizar; pero inquietan. Para los mercados financieros, el mensaje es claro: los europeos minimizan el problema griego porque no están de acuerdo en la solución que debe dársele; no saben si desean dar una ayuda financiera a Atenas. No saben quién la pagará ni a cuánto ascenderá, no saben si quieren que intervenga el FMI y, por lo tanto, intentan ganar tiempo con declaraciones.

Es la pura verdad. Y las declaraciones del 11 de febrero no permiten ganar mucho tiempo. El 25 de marzo, los dirigentes de la zona euro, reunidos de nuevo, se declaran dispuestos a poner en marcha préstamos bilaterales coordinados, conjuntamente con una ayuda del FMI. Pero ponen de relieve que esos préstamos sólo pueden producirse como «último recurso», que serán decididos por unanimidad y que tendrán que ser bastante onerosos para que el país beneficiario intente devolverlos lo antes posible. Los mercados financieros descifran: los europeos han comprendido ya que Grecia no saldrá de ésta sin ayuda, pero se comprometen a regañadientes y desean acompañar esta ayuda con condiciones tan punitivas que parecen más una sanción.

Finalmente, a comienzos del mes de mayo, se da una respuesta. Entretanto, el *spread* de las tasas de interés entre Grecia y Alemania ha pasado de 4 a 10 puntos. El 2 de mayo, los ministros de Hacienda anuncian un programa de ayuda a Grecia de 110.000 millones de asistencia. En esta fecha, los *spread* de Irlanda y Portugal están en el nivel que alcanzaba Grecia tres meses antes. No cabe ya duda: ningún acreedor privado quiere ya prestar a Atenas pero, además, la crisis obligatoria actúa como una mancha de aceite.

Unos días más tarde, el 8 y 9 de mayo, los líderes europeos se reúnen en un clima de gran tensión. Dominique Strauss-Kahn se atarea desde hace meses para convencer de la urgencia de una respuesta. Barack Obama, inquieto, ha llamado a Angela Merkel, mientras su administración conmina a los europeos a resolver sus problemas. Nicolas Sarkozy multiplica los contactos con sus homólogos. En la tarde del domingo 9, justo antes de que abran los mercados asiáticos, los dirigentes de la zona euro acaban anunciando la creación de un mecanismo que permite asistencia financiera destinada a sustituir los préstamos bilaterales (será el Fondo Europeo de Estabilidad Financiera); una revisión de los dispositivos de vigilancia, especialmente del Pacto de Estabilidad; medidas de saneamiento presupuestario; y un compromiso conjunto de los Estados, de la Comisión y del BCE a «utilizar el conjunto de los medios disponibles para asegurar la estabilidad de la zona euro». En la reunión, sobre la marcha, el BCE transgrede el tabú que le impedía intervenir y se compromete, sin mucha convicción sin embargo, en un programa de rescate en el mercado de títulos públicos griegos, con vistas a detener el aumento de los *spread*.

Para los dirigentes europeos, estas decisiones son un *aggiornamento*. No las motiva la generosidad sino, más bien, la toma de conciencia de los peligros que la crisis griega les hace correr a todos. Se dan cuenta de que la estabilidad de su propio sistema financiero, al que creían más sólido y, por lo tanto, la salud de su economía dependen de la suerte del país al que consideraban económicamente insignificante.

Para toda una parte de las opiniones públicas de la Europa del norte, estas decisiones tomadas a toda prisa se parecen a un golpe de Estado. Les han impuesto, sin preparación y sin deliberación, que acudan en ayuda de un país que merecía su suerte.

Para los mercados, se trata sólo de una respuesta a medias, que llega muy tarde y no trata los problemas de Irlanda y Portugal ni la cuestión de la solvencia de los países en crisis.

Siete meses –el tiempo que separa el anuncio del problema del anuncio de un intento de solución–, es, a la escala de tiempo de los europeos, un plazo muy corto. Una renegociación entre Estados sobre uno de los elementos principales del contrato que les vincula unos a otros no puede concluir en unos pocos días. Si fuera posible, dejaría al margen las opiniones públicas y los parlamentos, cuya adhesión es, sin embargo, indispensable. Pero, para los mercados financieros, es un tiempo casi infinito. Bastante largo, en todo caso, para que se disipe, de decepción en contrariedad, el capital de credibilidad del que gozaban aún las instituciones de la zona euro a finales de 2009.

Ese hiato entre el tiempo de los políticos y el tiempo de los mercados marca cada uno de los momentos de la crisis. En cada episodio –primera alerta griega en la primavera de 2010, cuestionamiento sobre las condiciones de la ayuda en invierno de 2010, disputa sobre la reestructuración de las deudas soberanas en la primavera de 2011, debate sobre las euroobligaciones y controversias sobre el estado del sistema bancario europeo en verano de 2011–, la distribución de los papeles es la misma: por un lado, políticos cautos, prisioneros de sus propios argumentos, ansiosos ante la idea de pronunciar palabras que podrían enojar, y, por el otro, mercados que se anticipan, calculan, piensan, aguardan que se afirme un liderazgo, dudan de la capacidad de los políticos para asumir ese papel, y acaban perdiendo la esperanza en Europa y su moneda. Cuando los mercados esperan una declaración contundente y clara, sólo oyen frases alusivas o circunspectas. Entre quienes deben cuentas a sus electores y quienes sólo las dan a sus accionistas, se ha abierto un foso.

Se hace, incluso, cada vez más profundo a medida que las cuestiones planteadas por la crisis resultan más acuciantes y precisas, pues los políticos se ven confrontados a un desafío de gran magnitud: paliar, urgentemente y sin preparación, la ausencia de cualquier mecanismo europeo de gestión de las crisis. Eso plantea dos preguntas.

La primera afecta al fundamento de la ayuda. Para quien cree en la racionalidad de los comportamientos, dejar que se espere una ayuda en caso de desastre económico, o proporcionarla cuando se produce, es invitar a la aventura. Para evitar comportamientos arriesgados, ya se trate de construir en zona inundable, de locuras financieras o de endeudamiento incontrolado, lo mejor para el que toma decisiones públicas es atarse las manos y comprometerse a no acudir en ayuda de los imprudentes. Es lo que la teoría de los seguros llama el riesgo moral, y enseña que el mejor remedio contra la imprudencia es vetar de antemano cualquier socorro.

El argumento no carece de fundamentos. En 1998, los bancos vendían a las jubiladas italianas las obligaciones emitidas por un Estado ruso al borde de la quiebra asegurándoles que esos títulos carecían de riesgos. El FMI, decían los financieros, acudirá forzosamente en ayuda de Rusia si ésta se revela incapaz de pagar sus deudas. Para que entrasen en razón, fue necesario que el Fondo decidiera no reflotar de nuevo Rusia. Por las mismas razones, los mercados financieros minimizaron el riesgo de incumplimiento durante los primeros años del euro: consideraban, a pesar de todas las negativas, que un Estado desfalleciente sería reflotado por sus socios.

El razonamiento no se aplica del mismo modo a los Estados y a sus acreedores. El argumento del riesgo moral vale en caso de apoyo incondicional. Pero los países que se atienen al programa FMI no son por lo general candidatos a una repetición de la experiencia. Para los gobernantes, la prueba del ajuste forzado se paga generalmente con la pérdida de las siguientes elecciones, incluso por un alejamiento duradero del poder. Para los pueblos, el coste se mide en empleos destruidos y en rentas perdidas. Cierto es que los gobernantes hacen a veces apuestas aventuradas, pero pocas veces porque esperen ser tratados con dulzura por el FMI.

En cambio, la cuestión se plantea sin ambigüedad en el caso de los acreedores. Pues proporcionar ayuda pública a un país en crisis y ayudarle a pagar sus deudas es, indirectamente, acudir en socorro de quienes imprudentemente le han prestado. Puesto que prevén semejante solución, los mercados de la deuda tienden a no tarifar el riesgo de incumplimiento de los Estados, y a dar a los gobernantes la ilusión de que no corren peligro.

Para conseguir que los acreedores tarifaran el riesgo, los redactores del tratado de Maastricht habían creído que bastaba excluir formalmente cualquier corresponsabilidad sobre las deudas públicas (véase el capítulo 4). Se suponía que la cláusula de *no bail-out* bastaría. Pero los mercados no lo tuvieron en cuenta, porque previeron que un Estado desfalleciente acabaría siendo socorrido. Cierto es que la interpretación extremista del tratado, según la cual no había que ayudar a Grecia, no podía resistir la prueba de los hechos. Como todos los países del euro, Grecia es primero miembro del FMI. Tenía derecho a asistencia, y la verdadera cuestión era la de saber si ésta llegaría sólo del FMI, de los europeos o de ambos conjuntamente. Pretender que los europeos podían abstenerse es hipócrita: son, a fin de cuentas, accionistas importantes del Fondo y, por lo tanto, estaban comprometidos de todos modos. Era también difícilmente sostenible cuando la Unión Europea ayudaba a Hungría, Letonia y Rumanía a superar sus dificultades –es decir, tres de sus miembros que no pertenecían al euro. ¿Habría menos solidaridad entre los países del euro que con los demás países de la Unión? La segunda cuestión afecta también al principio de asistencia, aunque contemplado, esta vez, desde el punto de vista de las relaciones entre Estados: tender la mano cuando se produce una crisis, ¿no supone comprometerse, sin evaluar las consecuencias, en un mecanismo permanente y deslizarse inexorablemente hacia lo que los alemanes denominan *unión de las transferencias?*

Alemania, en esta materia, sabe de qué está hablando. Desde su unificación, a comienzos de los años 1990, los *Länder* del oeste transfieren, un año con otro, el 4% de su PIB a los del este. La ayuda adopta toda clase de formas, como es debido en el seno de un conjunto integrado. No por ello la deducción sobre la renta de los alemanes occidentales, que inicialmente estaba destinada a estimular la recuperación de la ex RDA y, en el intervalo, compensar la diferencia de rentas, dejó de transformarse en una permanente sangría. Alemania, a regañadientes, se instaló en el mismo régimen que Italia, cuyo norte financia al sur y abandonó cualquier esperanza de suscitar una recuperación cualquiera, pues el desarrollo económico responde a causalidades circulares: un territorio abandonado por el crecimiento no atrae a las empresas. Superado cierto punto, regar con subvenciones no consigue ya hacer crecer los empleos.

La unión de las transferencias supone la misma lógica aplicada a escala de la zona euro, entre una mitad productiva y próspera y otra que malviviría gracias a las transferencias. Un miedo de rico, claro está, pero que, debemos reconocerlo, no es pura fantasía. Del mismo modo que las empresas de Munich no conciben ya invertir en Erfurt ni las de Milán en Bari, podemos imaginar fácilmente que los países del euro cuyos costes se han disparado –Grecia, Portugal y, en último término, España– no consiguen reactivar la inversión y el crecimiento y que sus ciudadanos se vean reducidos, para vivir, a depender de la ayuda exterior o hacer la maleta.

No faltan almas buenas, en especial americanas, que afirmen que la zona euro tendría que aceptar convertirse en una unión de las transferencias, que es el precio que debe pagar por su integración. Todas las uniones monetarias, tanto si se trata de Estados-nación como de federaciones, afirman, se ven más o menos confrontadas a ello, y es ilusorio pensar que en Europa van a evitarlo a partir del momento en que los tipos de cambio no pueden ya compensar las diferencias de productividad. Eso supone olvidar que la solidaridad con los Estados desfallecientes no es regla en Estados Unidos, como Nueva York supo a sus expensas, en 1975, cuando estuvo al borde de la quiebra. Eso presupone, sobre todo, la existencia de una comunidad política sin la que los unos no pueden aceptar pagar permanentemente por los otros. Ahora bien, nada indica que la crisis haya suscitado su emergencia.

Muy al contrario, el ascenso de los partidos populistas y nacionalistas en la Europa del norte indica una creciente intolerancia a las transferencias. De los Verdaderos Finlandeses, que obtuvieron el 19% de los votos en las elecciones legislativas de abril de 2011, al Partido por la Libertad de Geert Wilders, sin cuyo apoyo el primer ministro neerlandés no tendría mayoría en el parlamento, sin olvidar al líder flamenco Bart De Wever, cuya intransigencia ha impedido durante más de un año la formación de un gobierno en Bélgica, se está formando un Tea Party europeo, cuyo tema unificador es el rechazo de la solidaridad. Incluso en Francia, Marine Le Pen fue muy rápida en hacer del presunto coste de la ayuda a Grecia un tema de campaña.

En semejante contexto, lo sorprendente no es que los dirigentes de la zona euro hayan vacilado antes de acudir en ayuda de sus socios, sino más bien que hayan optado, en definitiva, por la solidaridad. Pero lo han hecho, y sin ambigüedades: tras haber decidido un plan de ayuda a Grecia de 110.000 millones de euros en la primavera de 2010, se pusieron de acuerdo en julio de 2011 en el principio de un nuevo plan de análogo tamaño. Tras muchas vacilaciones, los tipos de interés sobre los préstamos fueron por fin devueltos a un nivel razonable. Se tomó la decisión de crear un dispositivo permanente de ayuda a los países en crisis; el volumen de los recursos disponibles para la asistencia se aumentó; y, en vez del «último recurso» previsto inicialmente, se acordó que sería posible intervenir preventivamente para impedir que un país se viera privado de acceso al mercado de capitales. Uno a uno, entre dolor y recriminaciones, los tabús han caído. Angela Merkel dijo no, no, no, y por fin sí. El resto de Europa la ha seguido.

Eso no ha hecho desaparecer la cuestión de la incitación a la imprudencia de los acreedores. Sólo para comenzar a resolverla serán necesarios largos meses, muchas controversias y cierta dosis de confusión.

10

¿Hacer pagar a los bancos?

Del reconocimiento de Georges Papandreu en octubre de 2009 al anuncio del plan de asistencia en mayo de 2010, una cuestión dominó los debates europeos: ¿hay que ayudar a Grecia? A partir de mayo de 2010, le sucede otra, igualmente obsesiva e igualmente controvertida: ¿hay que hacer pagar a sus acreedores? Especialmente, ¿hay que imponer a los bancos que condonen parte de sus créditos para devolver el fardo que pesa sobre Grecia a un nivel más soportable?

La cuestión se plantea de hecho desde que se conocen las cifras: con una deuda pública ampliamente superior, en relación con el PIB, a la de todos los demás países europeos, y que continúa aumentando inexorablemente a medida que el Estado pide prestado para financiar su déficit, con una economía en recesión y una administración fiscal digna de un país subdesarrollado, Grecia tiene pocas posibilidades de estar en condiciones de pagar sus deudas. Muy probablemente es insolvente y, por lo demás, por eso no se encuentra ya a nadie que le preste nada, salvo a muy corto plazo y en condiciones excesivamente onerosas.

En Washington, los economistas del FMI tienen una larga experiencia en este tipo de situaciones. Desde la irrupción de la crisis mexicana en 1982 –primer cuestionamiento serio de la solvencia de un Estado desde la Segunda Guerra Mundial–, han gestionado muchas, en todos los continentes. Saben que cuando los mercados comienzan a preguntarse en voz alta por la capacidad de un país para pagar a sus acreedores, el primer ministro reacciona sin falta con una negativa feroz, muy pronto acompañada por palabras poco agradables y dirigidas a quienes –rapaces de Wall Street, cretinos de Londres o gnomos de Zurich– se atreven a poner en duda el honor del país. Pero han aprendido también que tras un plazo más o menos largo a menudo hay que acabar reconociendo la realidad y organizando una negociación entre el Estado desfalleciente y sus acreedores. Cuanto antes mejor, por lo general, pues de nada sirve prorrogar una situación insostenible. En el caso de México, la espera duró casi diez años, que permanecen en las memorias como el decenio perdido.

El FMI es igualmente consciente de la dificultad que presenta la evaluación de la solvencia de un Estado. Comparado con una empresa o una familia, un Estado dispone de tres valiosas bazas: como la duración de su vida es normalmente infinita, nunca está realmente obligado a pagar sus deudas o, más exactamente, sustituye por nuevos préstamos aquéllos cuyo plazo expira; sus recursos son ampliables, pues tiene el poder de gravar la renta de los residentes en el país, y, tratándose de compromisos contraídos en su propia moneda, siempre puede, si así lo decide, recurrir a la inflación para aliviar su peso. Por estas razones, el Reino Unido pudo en el pasado endeudarse hasta dos veces y media su producto nacional para plantar cara a Napoleón, y hasta el mismo nivel para combatir a Hitler, pero no incumplió el pago de su deuda.

Eso no quiere decir, sin embargo, que no haya límites a los préstamos. En primer lugar, hay que convencer a los prestamistas, cuyo humor y afición por el riesgo son, como mínimo, cambiantes. Hay que convencer, también, a los propios ciudadanos de que sus impuestos van a servir para pagar y remunerar a los acreedores más que para financiar escuelas y hospitales. Las sociedades democráticas, afortunadamente, no pueden aplicar los métodos de Nicolae Ceaucescu, el dictador que decidió en los años 1980 hambrear a su pueblo para pagar la deuda exterior de Rumanía. Como dijo cierto día un alto responsable del FMI, Jack Boorman, «desde un punto de vista abstracto, siempre se puede atender una deuda [...]. Pero hay un umbral político, social y, tal vez moral incluso, más allá del cual esta política se hace inaceptable».

Ese umbral varía según los países y los períodos, y por eso identificar una situación de insolvencia requiere juicio. Pero una vez dado este paso, se entra en terreno conocido. Ante la atenta mirada de las organizaciones internacionales, el tomador es invitado a negociar con sus acreedores lo que denominan una *reestructuración* de su deuda. Éstos aceptan así recibir 70 o 50 euros de un crédito de 100, o convertir un préstamo a diez años en uno a veinte o treinta años, o también prestar más aún. Es una verdadera negociación, para la que se han creado por lo demás algunas estructuras con el paso del tiempo: Club de París para discutir con los acreedores públicos, Club de Londres para tratar con los bancos privados. La experiencia indica que todas las partes están interesadas en que haya acuerdo: los acreedores porque prefieren conocer sus pérdidas, el deudor porque una reestructuración de la deuda es menos nociva que una interminable agonía, y las organizaciones internacionales porque hacer pagar a los acreedores imprudentes contribuye a disciplinarlos. A comienzos de los años 2000, lo que se ha dado en llamar, con un suave eufemismo, «implicación del sector privado en la resolución de la crisis» forma parte de la doctrina internacional. Desafiando la oposición de Wall Street, los europeos abogaron ardientemente para que así fuera, sin imaginar ni un solo instante que esa doctrina pudiera algún día aplicarse a uno de ellos.

Cuando la cuestión comienza a debatirse en otoño del 2010, hay muchas razones para pensar que Grecia es insolvente. Ciertamente, su ratio de endeudamiento sigue siendo inferior a las del Reino Unido en 1945 o el Japón de hoy. Pero aumenta a gran velocidad, y falta la disciplina fiscal; sobre todo, el país se endeuda en una moneda que es la suya, pero a la que no controla. El gobierno de Atenas no puede desvalorizar sus créditos por medio de la inflación, ni siquiera pedir a su banco central que sustituya a unos prestamistas que se vuelven reticentes. Dejando al margen el riesgo de cambio, todo ocurre como si recibiera préstamos en moneda extranjera. Más aún, diez años de desviación de los precios imponen una cura de deflación: el país, si quiere reanudar el crecimiento, debe volver a ser competitivo, y para ello contener durante varios años su inflación en los alrededores del cero. Grecia se enfrenta así simultáneamente con dos crisis, una de la deuda y otra de competitividad, y la inflación que ayudaría a la solución de una agrava la otra. El dilema no tiene solución.

En estas condiciones, estabilizar primero la deuda en proporción con la renta nacional, reducir luego gradualmente esa ratio, exige aceptar esfuerzos demasiado importantes en un tiempo demasiado breve. En todo caso, ésta es la conclusión a la que llegan rápidamente la mayoría de los observadores independientes. Aunque no lo digan públicamente, es más o menos la misma conclusión a la que llegan hoy algunos economistas del FMI, de la Comisión Europea y de los ministerios de Hacienda de los países europeos. Por más que las misiones de la troika FMI-Comisión Europea-BCE que acuden, una tras otra, a Atenas para desbloquear las sucesivas partidas de ayuda, exijan recortes suplementarios en los gastos, supresión de puestos de funcionarios y aumento de impuestos, ven como se acerca a grandes pasos el umbral político, social y moral del que hablaba Jack Boorman. Grecia, es evidente, debe realizar en pocos años el *aggiornamento* que no llevó a cabo en treinta años, pero la prioridad presupuestaria impuesta por sus acreedores acaba siendo un obstáculo para la puesta en marcha de las reformas de fondo que debe realizar imperativamente.

La batalla entre partidarios y adversarios de una reestructuración de la deuda griega va, no obstante, a prolongarse. Enfrentará por un lado a Alemania y por el otro al Banco Central Europeo y Francia.

En Alemania, todos los economistas están repitiendo que la reestructuración es la única solución coherente con el espíritu del tratado. Del lado gubernamental, esa posición de principio es atemperada, no obstante, por el deseo de no crear más dificultades a las instituciones financieras, especialmente a los bancos regionales que están en un mal paso. Desestabilizados a comienzos del decenio de 2000 por el cuestionamiento, bajo la presión europea, de su estatuto privilegiado, invirtieron masivamente en productos derivados de los créditos *basura*, con lo que sufrieron graves pérdidas. Pero el gobierno vacila, por razones políticas, en plantar cara al problema. Alemania arrastra, por lo tanto, los pies y hace lo que puede para minimizar el alcance de los tests de robustez bancaria que el regulador europeo quiere poner en práctica a escala de la Unión. En el ínterin, los bancos más frágiles intentaron evidentemente mejorar su situación comprando títulos de los países periféricos de la zona euro, cuyo rendimiento es alto. El banco Hypo Real Estate, en especial, que había sufrido graves pérdidas con los productos tóxicos norteamericanos en 2007 y 2008, acumuló luego hasta 8.000 millones de deuda griega.

Atrapada entre la rectitud de sus principios y la realidad de sus incumplimientos, Alemania aboga sin sorpresa alguna por fijar obligaciones virtuosas, al tiempo que retrasa su aplicación. Pide que el

sistema europeo deje paso a la reestructuración de la deuda soberana, pero no da la menor muestra de liderazgo en su puesta en práctica concreta. Nadie, en Europa, tiene realmente prisa. Para todas las
instituciones financieras en situación precaria, como el banco franco-
belga Dexia que seguirá jugando al muerto viviente hasta octubre de
2011, es mucho más cómodo pretender que Grecia es solvente y que
pagará sus deudas. Eso les permite no devaluar los títulos de su balance (en todo caso, aquéllos de los que declaran que tienen la intención de conservarlos, no de venderlos), por lo tanto no contabilizar
las pérdidas, y eso permite a los Estados no tener que comprometer
fondos públicos en la recapitalización de los bancos.

Europa paga así el error cometido en la gestión de la crisis financiera de 2008. Habría podido, como Suecia a comienzos de los años
1990, obligar a sus bancos a reconocer de inmediato todas sus pérdidas en los productos tóxicos derivados de los créditos *basura* y de sus
carteras de crédito. Eso la habría obligado a proceder de inmediato a
las indispensables operaciones quirúrgicas –recapitalizaciones, nacio-
nalizaciones, cierres– invirtiendo en ello tanto dinero público como
fuese necesario. Los gobiernos habrían sido muy impopulares, pero
sus sistemas financieros habrían estado en mejores condiciones para
superar la siguiente crisis, la de la deuda soberana. En vez de hacerlo,
Europa, o al menos una parte de sus miembros, prefirió la estrategia
japonesa: minimizar el problema, dejar que sobrevivieran lo que se
ha denominado bancos zombis y contar con el tiempo para vendar
las heridas. Cuando en abril de 2009 el FMI publicó una evaluación
bastante sombría de la situación de los bancos europeos, fue acusado
unánimemente de desconocer la realidad. El resultado es que, cuando sería necesario reconocer la insolvencia griega y afrontar las demás crisis soberanas, muchos bancos se encuentran aún en situación
demasiado incierta para hacerlo. Contemporizar se convierte así en
una estrategia por defecto.

Esa actitud se ve fortalecida por la radical oposición de los bancos
centrales a cualquier implicación de acreedores privados que no sea
estrictamente voluntaria. Hacer que paguen los bancos, afirman a
coro Jean-Claude Trichet y sus colegas, es una idea peligrosa. Utili-
zan para apoyar esta tesis una argumentación de rara vehemencia
para banqueros centrales acostumbrados a expresarse con modera-
ción. Si Jean-Claude Trichet se limita a reiterar tan a menudo como

puede su hostilidad a semejante solución, Lorenzo Bini Smaghi, el hombre que se encarga de esas cuestiones en el seno de la dirección del BCE, habla de «un suicidio político» o de «un equivalente a la pena de muerte». En Grecia, dice, los efectos de semejante decisión serían «devastadores para la cohesión social y el mantenimiento de la democracia». Por lo que se refiere a Christian Noyer, gobernador del Banco de Francia, habla de «un guión de horror». El BCE no se limita a las palabras: hace saber que en caso de reestructuración podría no aceptar ningún título público griego como garantía de la liquidez que proporciona al sistema bancario. Eso supone amenazar con provocar el derrumbamiento instantáneo de los bancos griegos, que no pueden ya obtener liquidez en el mercado, y cuyo balance está evidentemente muy cargado de títulos de su Estado.

Probablemente haya tres razones para esta negativa a cualquier reestructuración. El BCE pretende primero dejar claro que, en un país, una reestructuración de la deuda pública no es una operación anodina. La obligación de Estado a plazo medio es el activo de referencia sobre cuya base se construye toda la gradación de los riesgos, y se evalúa pues toda la gama de los activos: es más segura que una obligación privada, que a su vez es más segura que una acción. Cualquier regulación de los bancos y del mercado de valores se ha fundamentado en la idea de que los títulos de Estado son los activos con menos riesgos –a decir verdad, hasta 2006, la reglamentación suponía incluso que las obligaciones emitidas por los Estados avanzados no suponían *ningún* riesgo. Aceptar que una obligación de Estado no sea reembolsada íntegramente, es hasta cierto punto como quitar la piedra angular del edificio financiero.

El argumento tiene evidentemente fuerza, salvo que si un país es incapaz de pagar sus deudas, en un momento u otro habrá que reconocer esta realidad. Negarse a proceder a una reestructuración preparada, es correr el riesgo de tener que hacerlo en caliente, bajo presión política, o como respuesta a la declaración unilateral de un nuevo Primer ministro, es decir en las peores condiciones. Y, en el interín, supone dejar que persista una fuente de inquietud que mantiene la inestabilidad financiera.

La segunda razón es el temor al contagio. El argumento debe tomarse en serio también. Aceptar una reestructuración griega es, inevitablemente, dar una señal en lo que se refiere a la respuesta que se dará mañana a los problemas de los demás países de la zona euro –comenzando por Irlanda y Portugal. Supone pues, dicen los adversarios de semejante operación, correr el riesgo de provocar una agravación de la crisis. El Tesoro francés, en particular, teme los guiones de contagio y prefiere retrasar el momento en el que será necesario mirar de frente la realidad. Espera que en ese momento la mayoría de los países en dificultades hayan arreglado sus cosas. Si la lógica es ésta, no obstante, habría que llevarla hasta el final: aceptar que los prestamistas imprudentes se libren sin daños, sustituir gradualmente los acreedores privados por acreedores públicos, hacer solvente a Grecia reduciendo tanto como sea posible los tipos de interés sobre los créditos que se le conceden, y prepararse para el riesgo de tener que reestructurar la deuda contraída con los socios europeos: en resumen, socializar la deuda griega, y eventualmente pagar el precio con el dinero de los contribuyentes, en nombre de la estabilidad financiera.

El problema, sin embargo, es que los europeos no eligen realmente esta lógica, pues Alemania y algunos más no quieren oír hablar de semejante reparto del fardo. Entre dos estrategias coherentes –la reestructuración y la socialización–, Europa se niega interminablemente a elegir. Rechaza a una en nombre de los riesgos financieros, a la otra en nombre del mal ejemplo, y se mantiene en una tierra de nadie diplomáticamente equilibrada, pero económicamente incoherente.

La tercera razón o, más bien, el tercer motivo, supera con mucho el caso de Grecia. Desde sus inicios en el Tesoro francés, Jean-Claude Trichet ha vivido casi todas las crisis de la deuda: México, Polonia, la Unión Soviética, los países pobres de África, Argentina y muchos más aún. Como miembro del grupo de los Siete, en el que participa desde 1987, las ha tratado como desgracias que sólo sufren los demás. Ver como un miembro de la Unión Europea se une a la cohorte de los países necesitados, abole la invisible frontera que separa los Estados serios de los Estados irresponsables, es para él inimaginable. Supone, piensa, invitar a dirigentes sin valor a declararse a su vez insolventes, supone abrir el camino a siniestros en cascada.

El argumento tiene peso. Plantea, sin embargo, dos problemas. El primero, que de nada sirve negar la realidad: al salir de la crisis financiera de 2008-2009, la deuda no está ya en el sur, sino en el norte. La mayoría de los países emergentes han superado sus problemas de finanzas públicas cuando los países avanzados se sumen en ellos. En agosto de 2011, la degradación de la nota norteamericana por la agencia Standard & Poor's marca simbólicamente ese cambio de era. Luchar en el frente griego es querer mantener a toda costa un bastión en un frente que se desmorona.

El segundo problema es de otra naturaleza. Procede del hiato que se produce entre la autoridad personal de Jean-Claude Trichet y las misiones de la institución que preside. Su experiencia, su memoria de la historia europea le dan legitimidad para poner a los jefes de Estado ante sus propias responsabilidades. Pero, en materia de finanzas públicas, las opciones políticas dependen de los gobiernos y de los parlamentos, no de los bancos centrales.

Antinomia de los objetivos y antagonismos de las obligaciones llevan a la irresolución. La definición de una respuesta común de los países de la zona euro se realiza así en dos tiempos. En Deauville, en octubre de 2010, Angela Merkel y Nicolas Sarkozy comienzan a ponerse de acuerdo sobre las reglas de juego futuras. Un país que no consiga financiarse en los mercados podrá recurrir al apoyo de sus socios, por medio del mecanismo estable que, en 2013, sucederá al Fondo de estabilidad. Pero si la Comisión considera que su deuda no es sostenible, ese país tendrá que negociar una reestructuración con sus acreedores. Para preparar este escenario, las emisiones de deuda comportarán a partir de 2013 cláusulas llamadas de acción colectiva, destinadas a asegurar que la aceptación de un acuerdo de reestructuración por una mayoría de acreedores se imponga al conjunto de todos ellos.

El compromiso, que será aceptado rápidamente por los demás miembros de la zona euro, tiene el mérito de reconocer que pueden presentarse dos tipos de situación: o es necesaria una reestructuración, y entonces debe organizarse, o el país necesita una ayuda temporal, y entonces hay que ayudarle a salir de ello sin reestructuración. Alemania obtuvo que no se financiara sin discernimiento a un país insolvente. Francia, que no se forzara a un país solvente a reestructurar su deuda. No es sólo de sentido común sino que –a condición de que el acuerdo sea ratificado efectivamente por los parlamentos– el compromiso demuestra que los europeos son capaces de reinterpretar y corregir disposiciones fundamentales del tratado de Maastricht. La cosa no era evidente y, por lo demás, no se produce sin cierto rechinar de dientes, especialmente en el seno de la coalición gubernamental en Berlín.

El acuerdo de Deauville crea, sin embargo, un problema al mismo tiempo que aporta una solución. Sugiere que la deuda griega podrá ser reestructurada... pero a partir de 2013. Para los mercados, es una invitación a anticipar esta futura reestructuración y, por lo tanto, a no prestar nada en el ínterin. Mientras que la lógica exigiría que se hiciese pagar su imprudencia a los acreedores de ayer y que se tranquilizase a los de mañana, el efecto es exactamente opuesto: el anuncio del acuerdo aumenta la tensión en vez de apaciguarla. Es la política financiera del tonto del bote.

Transcurrirán diez meses antes de que se corrija en parte el error. El 21 de julio de 2011, tras un nuevo encuentro franco-alemán, los dirigentes de la zona euro llegan por fin a un acuerdo sobre la resolución de la crisis griega. Devuelven los tipos de interés sobre los préstamos a Atenas a un nivel lo bastante bajo para aliviar las finanzas públicas del país, aumentan el volumen de los créditos e invitan a una discusión con los acreedores privados con vistas a una reducción de la deuda existente.

Se ha roto un tabú. Sin embargo, los Estados no quisieron tomar la iniciativa de fijar los términos de la reestructuración de la deuda pública. Dejaron las claves del asunto en manos de los acreedores privados y, especialmente, de los bancos, algunos de los cuales (BNP-Paribas y Deutsche Bank) fueron invitados, por lo demás, a la reunión de los jefes de Estado. Sin sorpresa alguna, los bancos salen bien librados. Demasiado bien, de hecho, pues el acuerdo desemboca en una reducción de la deuda griega del orden de diez puntos del PIB, y garantiza a cambio el valor de los créditos residuales. El riesgo es que el suplemento de reducción de deuda deba ser financiado, al final, por los contribuyentes de los países socios más que por los acreedores privados. Y que para complacer al *lobby* bancario se acabe realizando la pesadilla de los alemanes.

La decisión del 21 de julio se revela como un torpe mano a mano. Inquieta a los acreedores al señalar el fin del tabú sobre la reestructuración de las deudas públicas, pero no reduce bastante las de Grecia para descartar el peligro de un futuro accidente. Los jefes de Estado se contradicen al afirmar que Grecia es un caso aparte que no va a repetirse, cuando acordaron unos meses antes crear un mecanismo permanente de resolución de las crisis de insolvencia. Los mercados no comprenden el mensaje que quiere enviárseles. Su desconfianza se fortalece por ello.

Se quiso cerrar el caso. No se hizo más que cambiar de página.

Tercera parte

¿Qué hacer?

11

Ante la mirada de los mercados

En los años 1990, cada ministro de Hacienda tenía en su despacho una pantalla Reuters. Podían leerse en ella los últimos despachos, las cotizaciones de Bolsa, la evolución de los tipos de interés, pero la curva que todos escrutaban ansiosamente era la del tipo de cambio con respecto al *deutsche mark*. Era el termómetro de todos los miedos. Un mal índice económico, la indicación de un probable endurecimiento del Bundesbank, una palabra de través de un responsable político, y la moneda podía perder algunos céntimos, iniciar un resbalón, despertar el apetito de los especuladores. Para conjurar este peligro, era necesario explicar, tranquilizar, anunciar decisiones sin cesar. La política económica se llevaba a cabo ante la mirada de los mercados.

Durante diez años, la pantalla Reuters permaneció inerte. Su lugar no estaba ya en el despacho del ministro, sino en el de un oscuro asesor. Los tipos de cambio entre los participantes en el euro habían desaparecido, y los tipos de interés sólo diferían en unas décimas de punto. Los especuladores habían abandonado. La política económica, aparentemente al menos, se había liberado de aquellos demonios.

Éstos habían levantado acta de la creación del euro, que había conquistado muy pronto su lugar de segunda moneda internacional. No era igual que el dólar, claro está. En valor de transacciones, participación en las reservas de los bancos centrales o volumen de préstamos internacionales, superaba no obstante con mucho a todas las demás monedas. En Europa y en su entorno, numerosos países se referían a él para su política de cambios, y algunos se proponían incluso convertirlo unilateralmente en su moneda. En la Europa central, los préstamos en euros, menos caros, eran a menudo preferidos a los créditos en moneda nacional. Las mafias apreciaban los billetes de 500 euros, mucho más prácticos que los billetes de 100 dólares, y más seguros también. Ciertamente, bastaba con cruzar el canal de la Mancha para encontrar irreductibles escépticos. Pero los financieros habían dejado a un lado sus dudas. Para ellos el euro era una realidad.

No obstante, la liberación era sólo condicional. Participar en la unión monetaria era, en efecto, cambiar una vigilancia continuada por una exigencia de coherencia en el tiempo. Del mismo modo que una empresa rescatada por un fondo de inversión deja de cotizarse en Bolsa, se libera así de una coerción cotidiana, pero sigue sometida más que nunca a una exigencia de rentabilidad, los Estados que participan en el euro debían revisar su política económica en ese nuevo contexto y asegurarse de que podían prosperar duraderamente en él. La coerción no había desaparecido, sólo había cambiado de forma y de temporalidad.

Quedaba por lo demás un indicador del juicio de los mercados: el tipo de interés a largo plazo sobre las obligaciones de Estado. Del mismo modo que en septiembre de 2011 California obtenía préstamos al 3,5% mientras que Texas los obtenía al 2,7% y el Estado federal norteamericano al 2%, las diferencias de tipos entre países europeos habrían podido evaluar continuamente las previsiones sobre la solvencia de las distintas deudas soberanas. Indirectamente, habrían podido reflejar también los riesgos de disgregación de la zona euro, en la medida en que la eventual salida de un país no podía carecer de consecuencias para su capacidad de pagar sus deudas. Aunque la fijación de los tipos de cambio había suprimido un termómetro ultrasensible, habría podido esperarse de los *spreads* de los tipos de interés que siguieran indicando los riesgos e influyendo en las políticas económicas.

No ha sido así por tres razones. Los mercados de activos, para empezar, no son esos calculadores fríos y precisos que describen los manuales económicos. Están sometidos a sucesivas oleadas de optimismo y pesimismo que se traducen en considerables variaciones de su afición al riesgo, al albur de lo que Keynes denominaba los «espíritus animales» de los inversores. Unas veces, éstos se obsesionan por el rendimiento y olvidan lo demás, otras prefieren la seguridad y desdeñan el rendimiento. La misma diferencia de riesgo entre dos obligaciones se traduce, pues, según el momento, en un *spread* de menos de un punto o de varios puntos. En un contexto de escasa volatilidad general, el decenio estuvo dominado, hasta 2007-2008, por la búsqueda del rendimiento. El riesgo era desdeñado. En otoño de 2011, sólo éste contaba.

La segunda razón es que apreciar la futura solvencia de un Estado no es una actividad gratuita. La calidad del resultado está directamente en función de los medios que se consagran a ello. Ahora bien, cada inversor tiene algo mejor que hacer que movilizar costosos recursos para la predicción de un accidente potencial en un horizonte lejano. Sencillamente, hay más dinero que ganar en otra parte. La calidad de las evaluaciones del mercado varía así de acuerdo con la percepción de la agudeza del problema. Mientras el peligro –por ejemplo, el de una crisis de las finanzas públicas en Grecia– está lejos, nadie se siente incitado realmente a profundizar en los detalles.

La tercera razón, mencionada ya, es que los inversores consideraban probable, en caso de accidente, que se pusiera en marcha una forma u otra de solidaridad entre países del euro. Ciertamente, habían leído el tratado y sabían que éste prohibía la corresponsabilidad en las deudas. Pero recordaban también todos los episodios de la historia europea que habían concluido en improbables compromisos.

Por todas estas razones, las políticas económicas de los años 1999-2008 estuvieron libres de las restricciones que habían marcado los decenios precedentes. Puede extrañar, tan rebatido ha sido, al menos en Francia, el tema de las obligaciones de Maastricht. Se suponía en efecto que los ministros respetaban las reglas fijadas por los textos europeos, seguían las orientaciones tomadas en común y se sometían al juicio de sus pares. Es lo que se denominaba la coordinación de las políticas económicas. Debemos, sin embargo, a Jean-Pierre Raffarin, por aquel entonces primer ministro, el haber expresado con toda crudeza en qué consideración tenía París esta disciplina: «Mi primer deber –dijo en 2003–, no es ir a entregar ecuaciones contables y hacer problemas de matemáticas para que esa o aquella oficina en ese o aquel país quede satisfecho». La mayoría de los grandes compartía ese estado de ánimo, y ni José Manuel Barroso, presidente de la Comisión Europea, ni Jean-Claude Juncker, presidente del Eurogrupo de ministros de Hacienda, tenían agallas para llamarle al orden. La idea según la cual la dictadura de Bruselas habría sustituido a la de los mercados no resiste el análisis.

En 2010, el paréntesis se cierra: regresan los especuladores y los mercados recuperan el poder que habían abandonado. La pantalla Reuters es vigilada de nuevo con ansiedad. Pero el termómetro del miedo ha cambiado: los ministros no escrutan ya el tipo de cambio, sino la cotización soberana y, sobre todo, el *spread* del índice de interés con respecto a Alemania. Francia tiembla por su AAA; Italia y España se esfuerzan por contener el alza de sus *spreads*. Por lo que se refiere a Portugal, Irlanda y Grecia, debieron decidirse a aceptar el programa del FMI y de la Unión Europea el día en que sus condiciones de préstamo se hicieron demasiado caras. A la luz de la experiencia de estos dos últimos años, la secuencia es ahora clara: cuando el *spread* llega a un punto, es la advertencia. A tres, es la alarma; a cinco, es el fin.

Decir que los mercados han recuperado el poder es, sin embargo, una licencia de lenguaje. El ciudadano imagina de inmediato sofisticados montajes, productos complejos y venenosos cuyos secretos sólo conocen sus creadores, a imagen de aquellos que hizo célebres la crisis financiera de 2008. Recuerda en un revoltillo a George Soros, el especulador filántropo; a Jérôme Kerviel, el superacelerado *trader* de la Société Générale, o a Bernard Madoff, el estafador del siglo.

La realidad es más ordinaria. Los mercados de la deuda pública son, de entrada, extraordinariamente simples. Mientras que los productos derivados de los créditos *basura* concedían millones de préstamos a familias individuales, todas distintas por definición, el número de prestatarios es aquí muy reducido: en líneas generales, uno por país. Los productos financieros, luego, están notablemente poco elaborados. Cada Estado emite siempre, poco más o menos, la misma gama de títulos: en lo esencial obligaciones tan banales como sea posible, de duración y tipo de interés fijos. Lo hace del modo más previsible que puede, anunciando con mucho adelanto su programa de emisiones. Los compradores de estos títulos, por su parte, no tienen mucho que ver con los Mozarts de las finanzas: son bancos centrales extranjeros, bancos, compañías de seguros, fondos de pensiones que quieren combinar, todos ellos, seguridad, rendimiento y, sobre todo, la liquidez que procuran el volumen de las emisiones y la homogeneidad de los productos.

A comienzos de 2011, el volumen cotidiano de transacciones en bonos a medio plazo (esencialmente a diez años) emitidas por la Agence France-Trésor era así de más de 100.000 millones de euros, por un montante total de títulos de algo más de 800.000 millones de euros. Ese elevado volumen de intercambios es, para cada inversor, la garantía de que en todo momento podrá vender o comprar algunos centenares de millones de euros de títulos sin temor a provocar un movimiento de los precios.

Ese mercado homogéneo está regulado por una sola variable: el tipo de interés. Los inversores procuran, pues, prever su evolución, algo que en tiempos normales es un ejercicio macroeconómico: éstos suben en período de inflación, cuando el ahorro se hace escaso, o cuando el Estado emite mucho; bajan en período de recesión. Banqueros y aseguradores mantienen así equipos de economistas encargados de alimentarlos en previsiones.

Las cosas se complican cuando se cuestiona la solvencia de un Estado. Ya no se trata sólo de saber cómo evolucionará la economía, sino también si la deuda que se ha contratado podrá ser pagada. Eso introduce tres diferencias. En primer lugar, cada Estado se ve de nuevo confrontado individualmente al juicio de los mercados, mientras que la evaluación macroeconómica era hasta entonces común a los países de la zona euro. En segundo lugar, los envites financieros han aumentado considerablemente: en el seno de la zona euro, la macroeconomía puede explicar dos o tres puntos de variación de los tipos de interés, pero los tipos griegos aumentaron veinte puntos en dos años. En tercer lugar, la especulación se enriquece con un nuevo instrumento, el CDS (*credit default swap*), que es un contrato de seguro contra el riesgo de incumplimiento de un deudor. Lo que es básicamente un instrumento de protección permite también jugar con el riesgo de falta de pago de un Estado soberano, sobre todo cuando, como ocurre aquí, puede ser utilizado «desnudo» entre dos especuladores, ninguno de los cuales posee deuda del país concernido.

La economía del asunto sigue siendo la misma: se trata también de la política económica y de su impacto en el rendimiento de la deuda. Pero el juego es mucho más complejo porque los guiones para el porvenir deben integrar la posibilidad de un plan de salvamento, la de una reestructuración de la deuda y la de un impago desordenado. Y porque a un mayor envite responde un aumento del número y de la variedad de los jugadores. Primero se invitan a la partida a las agencias de valoración-calificación de riesgos –esencialmente las tres grandes, Standard & Poor's, Moody's y Fitch Ratings, que dominan el mercado. Su papel consiste en formular un juicio sobre la probabilidad de que un deudor público o privado pague sus deudas. Pagadas por los emisores de duda, proporcionan a los inversores –por ejemplo, a las cajas de ahorros– una opinión que pretende ser objetiva y razonada y que, en principio, les permite decidir su inversión sin tener que buscar por sí mismas toda la información sobre la solvencia de los distintos tomadores. Ellas son las que conceden el famoso AAA, reservado en principio a los mejores emisores de deuda.

Mientras la situación es estable, las notas tienden a serlo también. Pero cuando aparecen las dificultades, sus revisiones acompañan a menudo el descenso a los infiernos de Estados atrapados en el círculo vicioso de unas finanzas públicas que se degradan, de unas valoraciones que bajan y de unos tipos de interés que suben. Cada peldaño bajado, especialmente de BBB– (la última nota, clasificada como *investment grade*) a BB+ (a partir del cual un título es clasificado como *speculative grade*), pone en fuga a una parte de los inversores. Especialmente a aquellos que, como las compañías de seguros o los fondos de pensiones, están reglamentariamente obligados –o se han comprometido con sus clientes– a limitar la exposición al riesgo de la cartera que gestionan. Eso hace subir el *spread*, degrada más aún las finanzas públicas y prepara el próximo descenso de la nota de la deuda soberana.

Las agencias de valoración-calificación de riesgos tienen muy mala prensa, hasta el punto de que se han hecho propuestas de cerrarlas, y prohibirles en ciertos momentos publicar sus *ratings*, o crear de cabo a rabo una agencia pública. Algunas críticas que se les hacen están del todo justificadas. El deseo de beneficio les había llevado a atribuir sin discernimiento algunos AAA a productos derivados de los créditos *basura*, que luego se advirtió lo que valían. Su análisis de la situación de los Estados es también bastante superficial: en agosto de 2011, el Tesoro norteamericano encontró un error de cálculo de dos billones de dólares en la proyección de la deuda pública preparada por Standard & Poor's para justificar su decisión de rebajar la notación soberana de Estados Unidos. Finalmente, tienden a agravar los ciclos sobrevalorando la solvencia de los Estados en los períodos buenos y subvalorándola en los malos. Sigue siendo cierto que el problema principal no es tanto el comportamiento de las agencias como el papel que la reglamentación pública les ha atribuido. Al utilizar las calificaciones para fijar el nivel de fondos propios que los bancos y las aseguradoras deben alcanzar, o para determinar la gama de los títulos elegibles como colateral en los bancos centrales, las autoridades públicas no sólo atribuyeron un exorbitante papel a un oligopolio privado no regulado, también pusieron en marcha un sistema que acentúa los impulsos de euforia y de pánico, cuyas víctimas son hoy ellos mismos.

Llegan también en masa a los mercados de bonos los *hedge funds*, esos fondos especulativos que gestionan los haberes de clientes ricos y están en busca de rendimientos elevados, aunque haya que correr muchos riesgos. Son sobre todo activos en los mercados volátiles, donde hay mucho dinero que ganar: allí donde se preparan cambios bruscos, en los mercados de la deuda de los países emergentes, tradicionalmente más inestables, o en los de materias primas. Con dos billones de activos –el tamaño de la economía italiana–, suponen sólo el 1% de la inversión financiera a escala mundial, pero son muy móviles y pueden impactar seriamente en los mercados sobre los que actúan. En tiempo normal, los mercados de la deuda europea resultan poco atractivos para ellos, pero evidentemente todo cambia cuando la volatilidad aumenta y, con ella, la posibilidad de elevadas ganancias. Pueden entonces movilizar considerables medios, humanos y financieros a la vez, y adoptar, mucho más que los inversores tradicionales, posiciones altamente especulativas.

Todo ese mundillo mantiene con el de los que toman las decisiones públicas una relación compleja en la que se mezcla proximidad y distancia: proximidad, porque muchos economistas que toman posiciones en los mercados comenzaron su carrera en un ministerio, un banco central o en el FMI. Algunos incluso van y vienen, como Arminio Fraga, la antigua mano derecha de George Soros, convertido en gobernador del Banco Central del Brasil antes de crear su propio fondo, o Klaus Regling, que pasó del Ministerio de Hacienda alemán a un *hedge fund*, fue luego nombrado director de asuntos económicos en la Comisión Europea y es hoy responsable del Fondo Europeo de Estabilidad Financiera; distancia también, sin embargo, pues, aunque un responsable de política económica deba explicar sus decisiones y hacer comprender la política a la que sirve, sabe muy bien que juega contra esos *hedge fund* una partida estratégica y nunca debe revelarles informaciones privilegiadas.

El juego nada tiene de apuesta en el casino. La incertidumbre domina, es cierto, pero nadie apuesta al azar por un número esperando que salga. Se parece, decía Keynes, a un concurso de belleza donde cada cual votara no por la más hermosa, sino por la que pensara que la mayoría considera la más hermosa. Para lograrlo, los jugadores despellejan las políticas nacionales, imaginan las intenciones de los gobernantes, descifran las sibilinas frases de los banqueros centrales, desencriptan los comunicados de los jefes de Estado. Imaginan las posibilidades, elaboran guiones, evalúan los riegos de desarrollos imprevistos. No olvidan preguntarse cómo se comportarán los demás jugadores, e intentan anticiparse a sus reacciones.

El juego es a la vez mimético y racional, emocional y matemático. Moviliza tesoros de inteligencia. Y es, precisamente por ello, más peligroso.

12

Bailar con los lobos

En 2008, los Estados salvaron a los financieros. En 2011, los financieros ponen de rodillas a los Estados. El resumen es exacto, profundamente escandalizador, pero no proporciona una guía para la acción. En septiembre-octubre de 2008, el sistema financiero mundial –más exactamente el de Estados Unidos y el de Europa– estuvo efectivamente a punto de derrumbarse. Sin la intervención rápida y masiva de los bancos centrales en primer lugar, de los Estados luego, el pánico que se había apoderado del planeta de las finanzas tras la caída del banco de inversiones Lehman Brothers habría provocado quiebras en cadena y arrastrado al mundo a una profunda depresión, mucho más grave que la recesión que hemos vivido. Para conjurar el peligro, los bancos centrales prestaron a los bancos sin límites ni condiciones, mientras los Estados garantizaban sus préstamos, compraban sus activos tóxicos o los recapitalizaban. En la zona euro, el total de los recursos movilizados para estas operaciones de salvamento en forma de créditos excepcionales, garantías y recapitalizaciones se elevó a más del 40% del PIB para el BCE y el 30% del PIB para los Estados. Se corrió un riesgo astronómico, aunque, dividendos del éxito, el coste final fue mucho menor para los Estados (en ciertos casos, como en Francia, se trató de un beneficio) y nulo para el BCE.

Si los Estados tuvieron que actuar así, no fue por amor a los financieros. Ciertamente, los reguladores acaban a menudo siendo capturados por aquéllos a quienes regulan, pero, en ese caso, como muy bien dijo por aquel entonces el gobernador del Banco de Inglaterra, Mervyn King, se trataba de algo distinto: no tanto de salvar los bancos como tales, sino de proteger de los bancos el resto de la economía. El error de los gobernantes no fue actuar y comprometer todos los recursos necesarios en la batalla, fue no imponer restricciones a la gestión de las instituciones financieras y no acompañar la ayuda pública con mecanismos que permitieran hacer pagar a sus accionistas. No había razón alguna para tratar a éstos con indulgencia, habría bastado para implicarlos acompañar la ayuda con restricciones a la ulterior distribución de dividendos. Del mismo modo, no había razones para que los acreedores de los bancos irlandeses en quiebra fueran pagados a tocateja con el dinero de los contribuyentes. Haber respetado a quienes hubieran debido perderlo todo en la debacle de unas instituciones imprudentes es una falta que los gobernantes están pagando actualmente tanto en el plano político como en el plano financiero.

Que esas mismas instituciones financieras tengan hoy a su merced a los Estados y les obliguen a agresivas políticas de ajuste choca evidentemente con la moral. Que su comportamiento añada crisis a la crisis –de manera que al paro provocado por la pérdida de confianza y las consolidaciones presupuestarias precipitadas se añade el paro inducido por la recesión de 2009– justifica el resentimiento del que son objeto las finanzas. Pero ni las lamentaciones ni la indignación son una política. Hay que extraer las lecciones de los errores pasados, pero la principal pregunta, para todos los responsables, es: ¿cómo responder a esta nueva situación?

Para algunos, la causa está vista para sentencia. Hay que lograr que los mercados pasen por el aro, domesticar las finanzas. En la versión más simplista, esta línea desemboca en la financiación directa del Tesoro público por el banco central. En una versión más suave, lleva a la reconstrucción de circuitos de financiación privilegiada. Ambas soluciones merecen ser examinadas.

La financiación directa por el banco central es lo que se conoce generalmente por la máquina de imprimir billetes, que consiste por parte de la institución monetaria en otorgar al Estado los créditos necesarios para la financiación del déficit presupuestario, y en financiarse emitiendo moneda como contrapartida. En Francia, está prohibido por la ley desde 1973 y prohibido por el tratado europeo. La mayoría de los países del mundo han renunciado a ello.

En circunstancias excepcionales, puede ser necesario llegar, por medios más o menos indirectos, a la financiación del Estado por el banco central. En caso de guerra, de catástrofe natural o de bloqueo de los mercados de bonos. El último recurso es volverse hacia la institución que tiene el privilegio de crear la moneda, y –volveremos a ello en el siguiente capítulo– el hecho de que los países del euro hayan perdido esta posibilidad contribuye a los problemas que están viviendo hoy. Sin embargo, una cosa es saber que el banco central puede, como último recurso, evitar la quiebra de los Estados y otra contar con ello para llegar a fin de mes. Muy extendida antaño, esta práctica sólo dio resultado en el marco de una economía de guerra, asociada con una militarización de la producción y un estricto control de los salarios y los precios. Al margen de este contexto, generalmente ha desembocado en la inflación, por la sencilla razón de que un Estado que dispone de una alternativa a los impuestos tan indolora cae inevitablemente en su abuso, hasta arrastrar al banco central a emitir demasiada moneda y a provocar así una subida de los precios. En los países excesivamente endeudados, como la Alemania de 1924 o la Argentina de los años 1990, el sometimiento del banco central desembocó en la liquidación de las deudas por medio de la hiperinflación, con su cortejo de ruinas y desastres sociales.

Imaginemos por lo demás que el BCE –más exactamente el Eurosistema, que reúne todos los bancos centrales de la zona euro– desee financiar los déficits públicos. El montante anual de las emisiones de títulos públicos en la zona euro es de 900.000 millones de euros (correspondiente a los nuevos déficits y a los títulos de la deuda que vencen). Pues bien, el total del balance del Eurosistema era, antes de la crisis, del orden del billón de euros. Para sustituir a los mercados, por lo tanto, en líneas generales sería necesario que los bancos centrales aumentaran cada año su balance con un montante equivalente, y emitieran moneda en contrapartida. No es necesario estar obsesionado por la estabilidad de los precios para imaginar que semejante aumento de la moneda en circulación provocaría rápidamente una peligrosa espiral inflacionista.

Las compras de deuda pública por la Reserva Federal americana en el marco de la política de flexibilización cuantitativa (*quantitative easing* o QE) iniciada en 2009 parecen desmentir estas alarmas. En efecto, no han desembocado en un despertar de la inflación, aunque parezcan una forma moderna de dar vueltas a la máquina de los billetes. No obstante, se diferencian profundamente de ella. El QE no tiene como objetivo facilitar la financiación del déficit y, por lo demás, se emprendió en un momento en que al Estado federal norteamericano no le costaba en absoluto financiarse en los mercados. Su objetivo, puramente macroeconómico, es por el contrario estimular la economía en un contexto en el que el tipo de interés del banco central está a cero y, por lo tanto, no puede ser rebajado. La Fed lo contempla no como una herramienta al servicio de las finanzas públicas, sino como un instrumento no convencional de política monetaria, que sustituye temporalmente el bloqueo de los canales tradicionales y permite contrarrestar los riesgos de deflación. La puesta en marcha de esta política indica que, frente a circunstancias extremas, el banco central debe poder adquirir títulos de la deuda pública e influir directamente en los tipos de interés a largo plazo. No justifica el regreso a las facilidades de caja del pasado.

La reconstrucción de circuitos financieros privilegiados es otra alternativa. Como ha demostrado la economista Carmen Reinhart, por este canal los países avanzados disminuyeron ampliamente su deuda después de 1945. Consiguieron en efecto mantener los tipos de interés de la deuda a niveles artificialmente bajos, combinando reglamentaciones directas (en especial por medio de límites a la remuneración del ahorro) y la organización de un acceso privilegiado de los tesoros públicos al ahorro nacional. Acompañada por políticas presupuestarias prudentes, esta política les permitió, en un contexto de crecimiento continuado, devolver rápidamente las ratios de endeudamiento heredadas de la guerra a niveles sostenibles.

No está excluido que, dando la espalda a la práctica de los últimos treinta años, algunos Estados asfixiados por su deuda acaben tomando esa dirección. La mayoría no lo necesitan hoy, porque a pesar de las crisis soberanas de sus vecinos, o tal vez a causa de ellas, siguen consiguiendo préstamos a tasas extraordinariamente bajas (el 2% para Alemania y Estados Unidos a fines del verano de 2011, a menos del 3% para Francia y el Reino Unido). Pero podrían cambiar de opinión en caso de que aumentaran los tipos, por ejemplo si el ahorro de los países emergentes empezara a escasear o dejara de dirigirse hacia los mercados de la deuda pública de los países avanzados. Podríamos imaginar por ejemplo que Italia, que dispone de un abundante ahorro interno, se cansara de pagar cara su deuda e intentara por diversos caminos dirigir los haberes de las familias hacia la compra de sus títulos de deuda pública.

La cosa no dejaría de tener consecuencias. En Europa, en primer lugar, la competición por el ahorro pondría fin muy pronto a la integración pacientemente construida desde mediados de los años 1980. Cada Estado procuraría evidentemente conservar para sí mismo el acceso a las familias o a los fondos de pensiones de su país. Más fundamental aún, los circuitos financieros se reorientarían gradualmente hacia la inversión en títulos públicos, en detrimento de la financiación de las empresas. Pero lo que era posible durante el período de recuperación de los Treinta Gloriosos sería muy probablemente más costoso en la fase actual, cuando los países de Europa sufren por no conseguir que sus empresas crezcan y no saber alentar a los innovadores. Desviar la financiación hacia los Estados, cuando se orientan ya insuficientemente hacia los proyectos industriales, sería correr el riesgo de seguir disminuyendo el ya mediocre crecimiento del continente.

Si bien es necesario acabar de extraer la lección de la crisis y reformar las finanzas, sería falso identificar este programa con la puesta en marcha de circuitos de financiación privilegiada de los Estados. El sistema financiero de la postcrisis debe ser más seguro, más robusto, más dirigido hacia la inversión, debe compartimentar mejor los oficios financieros, debe excluir la privatización de los beneficios y la socialización de las pérdidas, no debe ya estar hipertrofiado, pero estos objetivos no consisten en una financiación más fácil de los tesoros públicos.

Más que construir para sus Estados recintos protegidos, mejor es que los dirigentes europeos aprendan, o reaprendan, a bailar con los lobos: que no traten a los mercados como a dioses ni como a demonios, sino como a socios temibles e inevitables a la vez. Y que, en vez de ponerse a su merced, sepan cómo ponerlos al servicio de sus propios fines.

La tarea no es imposible. Contrariamente a una bien arraigada creencia, los inversores no están guiados por preferencias partidistas o animados por una sed de venganza contra el euro. Su único motor es la rentabilidad de sus haberes. Aunque sea regularmente evocada (incluso, con sorprendente ligereza, por la presidenta del Medef, Laurence Parisot), la conspiración anglosajona no deja de ser una perfecta fantasía. Es cierto que los inversores de Nueva York o de Londres tienen prejuicios culturales: son escépticos porque a un norteamericano le cuesta imaginar una Europa que funcione de un modo distinto que Estados Unidos, y a un británico una Europa que funcione a secas. Siempre han considerado la unión monetaria como un error. Se habían dejado convencer de que el euro formaba parte del paisaje, pero sus dudas fueron regresando a medida que los dirigentes europeos revelaban la magnitud de sus desacuerdos y la fragilidad de sus compromisos. Cada vulnerabilidad es ahora examinada con lupa, cada incoherencia es rastreada, cada riesgo es evaluado hasta el exceso.

El criterio principal de los gestores de activos financieros, cuando juzgan las políticas económicas y deciden su estrategia de inversión, no es ya la orientación de la acción de los gobernantes, es su coherencia. Y, en este plano, saben juzgar muy bien las políticas. Recuerdan a Norman Lamont, el ministro de Hacienda británico, que pretendía querer mantener la cotización de la libra esterlina fija con respecto al marco y había parecido muy afectado el 16 de septiembre de 1992, el día en que anunció que renunciaba a ello. Reconoció poco después que aquella misma noche había «cantado en el baño»: la especulación le había obligado a tomar una decisión que no se habría atrevido o habría podido asumir, pero que satisfacía sus deseos secretos. Es exactamente lo que había pensado George Soros, y así ganó mil millones de libras apostando contra la moneda británica.

La peor respuesta que pueda darse a la presión de los mercados es, por lo tanto, una medida a medias. Pues ese mismo gesto mínimo por el que los políticos se felicitan, porque han «hecho algo», o esa reforma parcial pero aparentemente útil son para los especuladores la señal de una incapacidad para tomar decisiones que estén a la altura de los envites. Por eso los mercados piden integración europea más aún que los euroentusiastas tradicionales. Las preguntas que hacen son profundamente políticas: ¿quieren realmente los europeos compartir una moneda? ¿Están dispuestos a seguir las reglas del juego que ellos mismos se han fijado? ¿Están preparados para hacer lo que exige la consolidación del edificio que han iniciado? ¿Aceptan todas sus consecuencias? Exigen respuestas y nos les basta ya esa tierra de nadie de la que se les ha dicho en exceso que era estable y de la que han aprendido que no lo era.

Sin embargo, los dirigentes europeos no son elegidos por los mercados, sino por unos pueblos profundamente perturbados por esta crisis que les habían dicho que era impensable, y cada vez más escépticos con respecto a la continuación de la aventura europea, y más reticentes ante la solidaridad. Cada etapa de la crisis de los últimos meses les ha vuelto más temerosos, les ha alejado un poco más unos de otros, ha fortalecido sus prejuicios y aguzado sus miedos. El espacio nacional les parece a menudo el de la seguridad.

Esta tensión entre los demonios de las finanzas y los de la política es la fuente de todos los peligros. Los políticos que se reúnen movilizan centenares de miles de millones, elaboran complejos montajes y reforman procedimientos, pero la auténtica pregunta que se les hace es, en definitiva, si existe coherencia entre las exigencias de la cooperación y los imperativos democráticos nacionales.

Con esta vara de medir, los jefes de Estado han dado hasta hoy muestras, siempre, de su voluntad de preservar el euro tomando, en último término, las decisiones indispensables. Pero lo han hecho aplicándose a sí mismos una irónica observación de Churchill, para quien Estados Unidos acababa siempre tomando la decisión adecuada, pero sólo tras haber agotado todas las alternativas. Del mismo modo, los europeos han multiplicado sistemáticamente, en cada etapa, las maniobras para evitarlo antes de decidirse a dar el paso.

Esta gestión al borde del precipicio es de alto riesgo. No resulta difícil imaginar un maciлento amanecer que viera a Angela Merkel, Nicolas Sarkozy y sus colegas saliendo con el rostro deshecho de una cumbre convocada a toda prisa para confesar a la prensa que, esta vez, no han podido ponerse de acuerdo. Tras el follón que seguiría, la mayoría no cantaría en la ducha, pero todos se empeñarían muy pronto en fingir que organizaban lo que no habrían sabido impedir.

13

La tentación de desmontar

Milton Friedman tenía el don de las imágenes que impresionan. Puede parecer absurdo, escribía en 1950 quien no era todavía el papa del monetarismo, adelantar y retrasar cada año la hora, cuando bastaría que cada cual modificara sus hábitos y llegara una hora antes, o después, al trabajo. Sin embargo, el cambio de hora es una práctica corriente, porque es infinitamente más fácil retrasar los relojes que exigir a cada cual que cambie sus costumbres. Del mismo modo, es mucho más sencillo, cuando una moneda está sobrevalorada, depreciar su tipo de cambio que cambiar uno a uno todos los precios y los salarios. Más que aguardar a que empresas y asalariados tomen unas decenas de millones de decisiones independientes, basta con una sola: este salario de 2.000 o este precio de 39,99 no cambian, pero sus contravalores internacionales bajan.

A este problema se enfrentan hoy todas las economías en las que salarios y precios se han desviado en el curso de los diez primeros años del euro. En Grecia, en Irlanda, en Portugal, en España, en Italia e incluso en Francia, los precios son demasiado elevados con respecto a los de Alemania y los demás países de la Europa del norte. Pero para corregir esta diferencia que crea paro, impide la recuperación y asfixia la industria, no es ya posible devaluar el tipo de cambio, sencillamente porque éste no existe ya. El restablecimiento de la competitividad pasa por la corrección a la baja de todos los precios y todos los salarios. Se llama a eso una devaluación interna, y cuando la diferencia que debe corregirse es importante, es terriblemente difícil lograrlo: Winston Churchill lo aprendió a su costa en los años 1920 cuando, siendo ministro de Hacienda, quiso fijar la libra esterlina en el tipo de cambio en oro de antes de la Primera Guerra Mundial cuando, entretanto, los precios habían aumentado sensiblemente; Pierre Laval ganó con ello un primer título infamante cuando, en los años 1930, intentó restaurar sin devaluar una competitividad afectada por la caída de las monedas de los países competidores de Francia; y, más cerca, Domingo Cavallo, el arquitecto de la reforma monetaria argentina de 1991, sólo consiguió llevar su país a la debacle cuando intentó hacer bajar los precios para salvar la paridad peso-dólar.

La razón de ello es intuitiva. Rebajar el conjunto de los salarios y los precios en un país donde han subido demasiado no puede hacerse con un golpe de varita mágica. Ciertamente, en principio bastaría que en el día y la hora deseados precios y salarios bajasen uniformemente un, digamos, 10%. Nada, salvo la unidad de cuenta, habría cambiado puesto que cada cual tendría un salario un 10% más bajo, y pagaría sus compras un 10% más baratas. Pero empresas y asalariados no se dirigen a golpe de varita y a cada cual le parece ventajoso esperar que los demás inicien el cambio. El primer asalariado que acepta una rebaja de su remuneración (cuando todos los precios siguen siendo los mismos) sufre en efecto, temporalmente, una pérdida de su poder adquisitivo. Pero el último que lo hace (cuando todos los precios han bajado) no sufre pérdida alguna, y en el intervalo ha acumulado un aumento del poder adquisitivo. Añadamos una dosis de desconfianza (¿qué ocurre si acepto rebajar mi salario pero nadie me sigue?) y se entenderá la dificultad del ejercicio. Existe, pues, un problema de coordinación de decisiones. Es este problema el que resuelve la modificación del tipo de cambio.

El razonamiento es apenas más complicado cuando se tienen en cuenta importaciones y exportaciones. Supongamos por ejemplo que un país importa el 20% de su consumo. Si los precios y salarios deben rebajarse un 10%, la pérdida final de poder adquisitivo para los consumidores sólo se deberá a los bienes importados, cuyos precios no habrán cambiado. En los del 80% restante, producidos por sus compatriotas, no sufrirán una pérdida duradera. Intentar la devaluación interna es, por lo tanto, pedir que los salarios y precios bajen *ex ante* un 10%, mientras que la pérdida de poder adquisitivo final sólo es del 2%.

La empresa no es imposible. En Europa, Letonia está consiguiéndolo. Esta república báltica que se adhirió a la Unión Europea en 2004 no forma parte del euro, pero ha fijado en él su moneda. Cuando requirió la ayuda del FMI y de la Unión Europea a finales de 2008, presentaba todos los síntomas de un agudo sobrecalentamiento inflacionista: el crédito había estallado y alimentado una frenética especulación inmobiliaria, los salarios habían aumentado mucho más que la productividad, y la inflación superaba el 15%. Cuando los economistas del FMI tomaron conciencia de la magnitud del problema, abogaron por una ruptura del vínculo con el euro, es decir una devaluación. Sin embargo, los letones, apoyados por el BCE y la Comisión Europea, no quisieron escucharlo y se lanzaron a un ajuste interno especialmente vigoroso. El salario medio, que casi se había doblado entre 2005 y 2008, bajó más del 10% en un contexto de profunda recesión y de explosión del paro. Pero el primer ministro fue reelegido con casi el 60% de los votos, las exportaciones se recuperaron, el déficit exterior se fundió y, en 2011, el país reanudó su crecimiento.

Irlanda está en el mismo camino. Tras el *boom* inflacionista del último decenio, precios y salarios han comenzado a corregir sus excesos. La diferencia de competitividad con el resto de la zona euro se ha reducido unos diez puntos y el sector exportador recupera sus colores. También aquí la operación es muy dolorosa, tanto más cuanto que el sistema bancario está en quiebra y el sector de la construcción en siniestro total. Pero el país ha salido de la recesión. Los mercados, por lo demás, no se engañan: el *spread* irlandés comenzó a bajar en verano de 2011.

Si estos países están teniendo éxito donde Francia y Gran Bretaña habían fracasado antaño, es porque se trata de economías pequeñas que exportan bastante más de la mitad de su producción, y en las que todos comprenden que la competitividad es esencial. La corrección de una diferencia de precios se traduce aquí, muy pronto, en creación de empleos en los sectores expuestos a la competencia internacional. En ambos casos, también, los salarios habían crecido tan rápidamente que su reducción era política y socialmente aceptable. Estas condiciones no se cumplen ciertamente en Grecia, que sigue siendo una economía muy poco abierta a los intercambios. Tampoco se cumplen en Portugal, ni en España, en Italia y en Francia, economías de tamaño mucho mayor, donde la importancia del comercio exterior es más débil.

¿No sería, por lo tanto, más simple salir del euro? La propuesta circula de diversas maneras. El profesor norteamericano Martin Feldstein (el hombre que pronosticó que el euro conduciría al conflicto) propuso precozmente que Grecia se despidiera temporalmente de la moneda europea. Hans Olaf Henkel, un antiguo dirigente patronal alemán, aboga por la creación de dos zonas monetarias, una para la Europa del norte y otra para la Europa del sur. El economista francés Christian Saint-Étienne está en la misma línea, con la originalidad de que coloca a Francia en la mitad sur. La mayoría de quienes sostienen esas propuestas se limita a invocar el razonamiento que acabamos de hacer. Eso supone, no obstante, detenerse a medio camino e ignorar varios obstáculos.

El primero es jurídico. Desde la última revisión, la de Lisboa, el tratado europeo incluye una cláusula de salida voluntaria de la Unión, pero no una cláusula de salida del euro ni, a fortiori, una cláusula de expulsión. Jurídicamente, un Estado puede pues, tras un proceso de negociación, abandonar a la vez el euro y la Unión y renunciar a los beneficios correspondientes (especialmente, en el caso de Grecia o Portugal, a los fondos de ayuda al desarrollo nacional que se conocen con el nombre de fondos estructurales, o a las transferencias en nombre de la política agrícola común), pero no puede salir del euro y permanecer en la Unión. Y sus socios no tienen medio jurídico alguno de excluirle.

La objeción no es determinante. Las constituciones nacionales pocas veces prevén cláusulas de secesión, pero éstas se producen regularmente. No estaba previsto que Irlanda abandonara la libra esterlina, ni Ucrania el rublo, y sin embargo así fue. Pero, en ausencia de procedimientos jurídicos, es difícil imaginar una salida en un fin de semana. Hay que considerar más bien una negociación prolongada y agria, lo que no sucedería, como vamos a ver, sin consecuencias. Por lo que se refiere a la expulsión, siempre es posible forzar a un Estado a someterse o a renunciar. Si las condiciones son bastante humillantes, podemos estar seguros de que elegirá la segunda solución; pero no sin demora ni sin rencor. Es incluso posible obligarle a una salida precipitada, impidiendo a sus bancos el acceso a la liquidez del banco central; el BCE podría decidirlo, especialmente como respuesta a un incumplimiento unilateral sobre la deuda pública, y sería extremadamente conflictivo, es evidente.

El segundo obstáculo es técnico. Tampoco es determinante, pero no puede silenciarse. Es fácil cambiar de moneda en un país financieramente subdesarrollado, como por ejemplo lo era Ucrania cuando salió de la zona rublo. Casi basta con encargar unos hermosos billetes nuevos a un impresor suizo. Pero la cosa es muy distinta en una economía moderna. Fueron necesarios, para pasar al euro, años de preparación, una costosa adaptación de los sistemas informáticos, un rodaje prolongado. La salida tendría costes, y se llevaría a cabo en condiciones tanto más caóticas cuanto fuera precipitada.

El tercer obstáculo, más importante, es económico. Los abogados de una salida del euro prevén, o pretenden prever, una depreciación controlada de la nueva moneda. Eso supone olvidar que la política económica de los países que pueden intentar restablecer su competitividad por medio de una salida sufre un déficit de credibilidad. En estas condiciones, el precio de una nueva moneda será la que los mercados decidan que vale. Y puede pensarse que, de todas todas, no le concederán un gran valor. Cuando Argentina rompió su vínculo fijo con el dólar en enero de 2002, el gobierno anunció un nuevo tipo de cambio de 1,4 pesos (en vez de 1 peso) por 1 dólar. En julio, el tipo de cambio era de 4 pesos por 1 dólar. La moneda había perdido tres cuartas partes de su valor.

Una gran caída del tipo de cambio, podría decirse, garantiza una economía hipercompetitiva. Lo que supone olvidar que, incluso al margen del efecto inflacionista que induciría la devaluación (el 25% en Argentina, en 2002), ésta se traduciría en un empobrecimiento masivo de las familias y las empresas. Para recuperar el orden de magnitud argentino, una caída de tres cuartas partes del tipo de cambio multiplica por cuatro el precio de los productos importados, lo que no sólo aparta de ellos a los consumidores, sino que logra, también, que las empresas sean incapaces de pagar las máquinas y los suministros importados. La competitividad no se reduce sólo al coste del trabajo, supone también que los productores puedan procurarse equipamientos y productos semielaborados, para los que a menudo no hay productores nacionales. La combinación de una caída libre del tipo de cambio y el aumento del coste del crédito que provocaría inevitablemente el banco central para luchar contra la depreciación de la moneda se lo impediría.

Nadie sabe, evidentemente, cuánto bajaría el tipo de cambio. Cierto es, por el contrario, que caería inicialmente mucho más de lo necesario para restablecer la competitividad, antes de recuperarse. Pues si cuarenta años de cambios flotantes ofrecen una enseñanza, ésta es que sus fluctuaciones son mucho más amplias de lo que justifican los fundamentos económicos. Los economistas hablan a este respecto de *sobreajuste.*

A fin de cuentas, es probable que la devaluación acabara produciendo los efectos positivos esperados, pero tras una primera fase muy peligrosa que incrementaría los tormentos del país en vez de atenuarlos.

El cuarto obstáculo es financiero, y es el más serio de todos. Razonar sobre la competitividad, la inflación o el poder adquisitivo es, en efecto, olvidar los haberes y las deudas de las familias, las empresas o el Estado. Ahora bien, esos stocks financieros se evalúan hoy en euros. En caso de salida, habría que convertirlos, o no, a la nueva moneda. Y cuando comienzas a pensar en el modo de llevar a cabo esta conversión, adviertes muy pronto que el problema es casi insoluble.

Las cosas serían evidentemente fáciles entre dos residentes; por ejemplo, una familia y su banco. Bastaría (dejando a un lado los aspectos jurídicos de la cuestión) con convertir los depósitos de la familia en su cuenta bancaria, así como los créditos de los que se beneficie. Su balance no cambiaría, se expresaría sólo en otra moneda y representaría la misma proporción de su renta. Pero este mismo banco podría perfectamente haber financiado su crédito inmobiliario endeudándose en otro país de la zona euro. ¿Habría que convertir esta deuda y, por lo tanto, expoliar al acreedor que creería haber prestado euros? ¿O garantizarle el valor de su crédito y, por lo tanto, colocar al banco en desequilibrio entre un crédito inmobiliario depreciado y su financiación, cuyo valor no habría cambiado? Lo que, en este ejemplo, suponemos que se refiere a un banco afectaría, de hecho, a todos los agentes que mantienen relaciones financieras con el extranjero: al Estado, una parte importante de cuya deuda está fuera de sus fronteras; a las empresas, que se endeudan para importar, dan crédito a sus clientes y se financian en los mercados internacionales; a las familias, una parte de cuyo ahorro está invertido en títulos extranjeros; a los bancos y las compañías de seguros, que están en permanente interacción con el resto de la zona euro; y también al banco central, las cajas de ahorros y los trabajadores migrantes. Para todos ellos, ciertas partidas de un balance inicialmente equilibrado seguirían en euros, otras serían brutalmente convertidas a la nueva moneda. Algunos ganarían mucho con ello, otros perderían lo bastante como para quebrar instantáneamente. Sería como si la fortuna y la ruina fuesen de pronto una lotería.

Ahora bien, si existe un campo en el que el euro ha sido un éxito, éste es el de la integración financiera. Desde 1999, empresas y bancos han tenido acceso a un nuevo mercado financiero mucho más vasto que antaño, y las propias familias, o en todo caso los gestores de su ahorro, han diversificado sus haberes. A fines de 2010, los residentes franceses (familias, empresas y bancos reunidos) poseían así sobre el resto de la zona euro unos 400.000 millones en inversiones directas de las empresas, más de 250.000 millones en acciones, más de un billón en obligaciones o títulos de crédito y unos 400.000 millones en préstamos interbancarios. Más de dos billones en total, es decir, el equivalente a un año de producto nacional. La deuda pública griega poseída por los bancos franceses –menos de 15.000 millones de euros– son sólo un aspecto de un ovillo mucho más grande.

Lo que es cierto para Francia también lo es para los demás países del euro. Cada uno posee por término medio, sobre sus socios, haberes por un montante casi equivalente a un año de producto nacional. Esta evaluación, además, deja a un lado los haberes y compromisos con respecto al resto del mundo así como las posiciones en productos derivados, como los CDS, de los que hemos hablado en el capítulo 11.

La previsión de una salida o un estallido modificaría evidentemente los comportamientos: si esa posibilidad toma cuerpo, las familias no tardarán en transferir sus haberes a países más seguros, provocando así la caída de los bancos, o en todo caso obligando a las autoridades a instaurar un límite de las retiradas de fondos de los bancos y, prescindiendo de los tratados europeos, restablecer los controles de capitales. En Argentina le dieron a eso un hermoso nombre, el *corralito*. Era en efecto muy pequeño, puesto que las extracciones bancarias se limitaban a 250 pesos –el equivalente a 250 dólares– a la semana. Añadamos que los proveedores extranjeros dejaron de conceder crédito (por miedo a no ser devuelto). Por lo que se refiere a los bancos, verán como se les impide el acceso al mercado interbancario de la zona euro (algo que sucede ya para las instituciones de los países frágiles); si pueden, pedirán prestado en cambio a su banco central para invertir las sumas correspondientes en la Europa del norte. En resumen, cada cual intentará reaccionar del mejor modo según sus intereses, y todos esos comportamientos motivados por la precaución no harán más que contribuir al desastre.

Ningún principio se ha establecido para la conversión de los activos financieros en caso de salida del euro. La jurisprudencia internacional sugiere que eso dependería de las leyes aplicables a los contratos. Grecia, por ejemplo, podría introducir un nuevo dracma, pero eso sólo afectaría a los contratos firmados según la ley griega. Una empresa griega con deudas en Francia, según la ley francesa seguiría siendo deudora en euros. Una familia griega con una cuenta corriente en Francia conservaría sus haberes en euros.

La combinación de esos cuatro obstáculos –jurídico, técnico, económico y financiero– no supone un muro infranqueable. No implica que sea siempre y en todas partes preferible permanecer en el seno de la zona euro, pero garantiza que el coste económico, financiero y social de una salida sea extremadamente elevado. El guión de la salida liberadora y jubilosa que algunos pintan no es realista.

Aunque resulte imposible cifrarlas, podemos intentar evaluar las posibles consecuencias de algunas hipótesis. Lo más evidente es la salida de un país en graves dificultades, Grecia por ejemplo. Ante los tormentos en la que ésta se debate, la tentación de una alternativa no puede hacer más que crecer. Pero el riesgo de que se derrumbe el tipo de cambio sería especialmente elevado, teniendo en cuenta la total carencia de credibilidad de su política económica. Ahora bien, el país –no sólo el Estado, sino también el banco central y los demás bancos– tiene deudas en el exterior por valor de 420.000 millones, para un PIB de 230.000 millones. Tras una salida, el contravalor del PIB en euros se reduciría al menos a la mitad, con lo que la deuda llegaría fácilmente a cuatro veces el producto nacional. Un impago generalizado no sólo del Estado, sino de las empresas y los bancos, sería inevitable. Resultaría un guión a la argentina, financieramente ruinoso y socialmente devastador.

A veces se sugiere que una salida sería más indolora para Alemania. El guión de una secesión alemana es pura política-ficción puesto que, al contrario que Grecia, que podría verse obligada a ello por el juego combinado de una desconfianza generalizada y la imposibilidad de acceder a la liquidez del banco central, se trataría en ese caso de una opción deliberada. Ahora bien, hasta hoy sólo ha indicado, regularmente, desacuerdos con sus socios, pero nunca ha sugerido que podría bailar sola.

Por lo demás, no le interesa. Primero correría el riesgo de una incontrolada apreciación de su moneda, muy dolorosa para un país cuya fuerza principal es el sector exportador. Debemos recordar cómo sufría Alemania al final de los años 1990, cuando su competitividad se había degradado con respecto a la de sus vecinos. Además, se encontraría con los créditos a sus ex socios, gran parte de los cuales seguiría evaluado en euros y cuyo contravalor en moneda nacional disminuiría. Puesto que esos créditos representan hoy más del 80% del PIB, el varapalo financiero sería de grandísima magnitud. Las empresas quedarían atenazadas entre unos ingresos a la baja, dada la apreciación del nuevo marco, y una caída del valor de sus créditos. No sería una situación envidiable y, a fin de cuentas, un cálculo racional indica que a Alemania le interesaría más subvencionar a sus socios que seguir por esta vía. Nos queda el guión de la división en mitades entre el «euro del norte» y el «euro del sur». Ésta, por su parte, es pura economía-ficción, pues aunque sea cierto que un guión de este tipo limitaría sin duda la magnitud de los movimientos del tipo de cambio entre ambas mitades, supone en el seno de cada una de ellas una coherencia que sin duda no existe. ¿Por qué España, cuya ambición histórica es obtener su lugar en el corazón de Europa tras haber sido marginada durante tanto tiempo, iba a aceptar participar en el heteróclito agrupamiento de las economías mal gestionadas? ¿Y por qué Francia, que quiere ser un puente entre el norte y el sur de Europa, aceptaría tener que elegir entre la una y la otra?

Fueran cuales fueran sus modalidades, un comienzo de dislocación de la zona euro tendría sin duda consecuencias para todos. Nadie sabe hoy cómo se llevaría a cabo una eventual división, y eso impide especular sobre la posibilidad de que suceda. Pero en cuanto se hubiese producido una sola vez, cada cual conocería ya el modo de protegerse. Las familias sabrían cómo y cuándo llevar sus haberes hacia los países seguros, las empresas cómo hacerlo para que sus créditos no pudieran convertirse en moneda de chocolate, y los mercados financieros cómo especular con una salida potencial. Todos, en suma, sabrían por qué línea de puntos efectuar la división. El final del tabú sobre la salida del euro suscitaría de inmediato ataques contra otros países. La zona euro se volvería más frágil aún y tendería a fragmentarse en subconjuntos cada vez menos conectados entre sí.

Cuanto más se piensa en ello, menos atractivos parecen los guiones de un posible fraccionamiento. Lo que no quiere decir que sean inconcebibles, sólo que arrastrarían a Europa hacia un caos financiero como no lo ha conocido desde el tiempo de entreguerras.

14

El asalto

¿Puede salvarse aún la zona euro? Al comenzar el curso 2011-2012, la pregunta está en todos los ánimos, si no en todos los labios. La mayoría de los dirigentes europeos no se atreven, como el secretario norteamericano del Tesoro, Tim Geithner, a hablar de «riesgo catastrófico», pero saben que tiene razón. En dos años, el mal se ha extendido de Grecia a Irlanda y a Portugal. La fiebre que había alcanzado a España ha llegado a Italia; finalmente, durante el verano, Francia comenzó a temblar, cuando se inició la separación de su *spread* con respecto a Alemania y sus bancos comenzaron a ser objeto de una insistente suspicacia. No se trata ya de pequeños países periféricos. Es el propio meollo del edificio monetario europeo el afectado.

La crisis financiera lleva a cabo así un gran regreso, salvo que no procede ya de Estados Unidos, sino que tiene su origen en Europa. Como en 2007-2008, los bancos no saben ya si pueden confiar los unos en los otros y son reticentes a prestarse mutuamente. La diferencia entre el tipo de interés con el que se dan crédito y el tipo de interés de los activos sin riesgo ha subido como una flecha. Los que disponen de liquidez prefieren cada vez más depositarla en el BCE, que sirve de intermediario y ha tenido que reactivar sus procedimientos de préstamo directo a los bancos. Los operadores norteamericanos reducen mucho su exposición en Europa y, de nuevo, los bancos centrales han tenido que sustituir al mercado para proporcionar liquidez en dólares a las instituciones financieras de la zona euro. Es, aunque menos agudo, exactamente el mismo esquema que durante la crisis financiera de 2007-2008.

La zona euro da señales de fragmentación. En su seno, un banco transnacional ofrece su crédito más caro a una empresa de la Europa del sur que a su gemela en la Europa del norte. Veinte años después de la consumación del mercado interior europeo, trece años después del inicio del euro, la localización acaba contando más que la calidad de la gestión. En vez de combatir esta tendencia, los reguladores de la Europa del norte la amplían fijando límites a la exposición de sus bancos en la Europa del sur. No sólo es la propia negación de la integración europea, sino que contribuye también a agravar la situación de las economías en recesión.

Con la esperanza de tranquilizar a los mercados, los gobiernos procuran reducir sus déficits olvidando el crecimiento. Mientras que se habían propuesto proceder gradualmente, preservar cuidadosamente las inversiones de futuro y gravar la renta más que el esfuerzo, toman en plena urgencia medidas de austeridad indiscriminadas. Todos saben que el empleo va a sufrir, que la producción tiene todas las posibilidades de volver a caer, que los mercados que se intentan apaciguar pueden, mañana, alarmarse ante un crecimiento demasiado débil. Pero, atrapados por el pánico, algunos gobernantes desamparados intentan lo que les parece la única maniobra posible. El mundo entero apremia a los europeos para que definan una respuesta a la altura del envite. En Londres, David Cameron y su ministro de Hacienda, George Osborne, decidieron que no era hora de andarse con bromas. Su temor es más bien que la zona euro arrastre la economía británica en su caída. En Zurich, el banco nacional suizo compromete todos sus medios en la lucha contra la apreciación de la moneda, que sirve de refugio a los inversores inquietos. Desde Washington, Barack Obama, que teme que una recesión procedente de Europa le cueste la reelección, envía a su secretario del Tesoro, Tim Geithner, a la cabecera del euro. En Beijing, Hu Jintao sigue con ansiedad los sinsabores de una moneda en la que veía una alternativa al dólar. Sean cuales sean las opiniones de unos y otros sobre la unión monetaria, el interés manda: hay que detener la crisis europea.

Los dirigentes europeos responden a sus socios que no se han limitado a recordar ritualmente su decisión de «hacer cualquier cosa para garantizar la estabilidad financiera de la zona euro en su conjunto». Han acabado creando, pieza a pieza, toda una panoplia de nuevos instrumentos. Con el bárbaro nombre de Fondo Europeo de Estabilidad Financiera (FEEF), se han dotado de una capacidad de intervención inmediata hasta un límite de 440.000 millones de euros, destinada inicialmente a proporcionar ayuda a los países en crisis, pero cuyas misiones se han extendido al apoyo preventivo, a la intervención en el mercado de la deuda soberana y a financiar la recapitalización de los bancos. Bajo el poético nombre de «*pack* de seis», han elaborado minuciosamente un conjunto de medidas de fortalecimiento de la supervisión de las políticas presupuestarias de los Estados y un nuevo procedimiento de vigilancia de los desequilibrios exteriores. Con el oscuro nombre de «mecanismo de estabilidad europeo», han negociado un régimen permanente de gestión y resolución de las crisis. Y el BCE ha cruzado el Rubicón al decidir, con el anodino nombre de Securities Market Programme (Programa de Mercado de Títulos), comprometerse en la compra de deuda del Estado. Finalmente, Francia y Alemania se han puesto de acuerdo en el principio de convocar cumbres regulares de los dirigentes de la zona euro y sobre una reforma de sus estructuras de gobernanza.

Pero eso no basta. Si hubieran anunciado antes esas medidas, y de una sola vez, los dirigentes europeos habrían conseguido sin duda impresionar. Pero las han desgranado al hilo de los meses, como a regañadientes, dando la impresión de hacer siempre demasiado poco, demasiado tarde y de ponerse de acuerdo sólo, cada vez, sobre cómo detener la crisis precedente. De Grecia a los bancos, han dejado que el problema perdurase demasiado tiempo. Y cuando en julio de 2011 tomaron decisiones, su ejecución se dejó para el regreso de las vacaciones. Para el resto del mundo, no había mejor modo de manifestar que Europa no mide la gravedad de su mal. Una desconfianza generalizada hacia la moneda europea y el sistema político económico que la sostiene se apoderó así de los inversores.

¿Está justificada esta desconfianza? Como siempre en semejantes casos, es tentador poner de relieve los rasgos aberrantes del comportamiento de los mercados. Sus reacciones resultan, en parte, de bastas amalgamas muy bien resumidas por la infamante etiqueta de PIGS (en inglés *cerdos*, por Portugal, Irlanda, Grecia y España; algunos escriben PIIGS, incluyendo a Italia): para un gestor de fondos de Singapur, es más fácil deshacerse de los títulos de todos los países llamados periféricos que explicar a sus clientes cómo funciona Europa o por qué confía en España. El resultado es que en septiembre de 2011, los

CDS indicaban que una quiebra del Estado era más probable en Portugal que en Pakistán, y en España que en Argentina. Un juicio que era difícil compartir y que atestiguaba la propensión de los mercados a pasar de un extremo a otro.

Antes que incriminar una vez más a los especuladores, entregarse a la invectiva o gritar que es una conspiración, mejor es sin embargo intentar determinar si la actitud de los inversores puede tener fundamentos racionales y reflexionar con esa base sobre las iniciativas que pudieran convencerles de que apuesten de nuevo por el euro. La experiencia de las crisis del pasado muestra que la negación es la peor de las defensas. El motivo más inmediato de la fiebre es sin discusión la persistencia de la crisis griega. La gestión de ésta, desde los inicios de 2010, ha atestiguado una singular incapacidad para tratar lo que a fin de cuentas era un problema muy pequeño. Tras haber vacilado sobre el principio de la ayuda y haberse mostrado pusilánime sobre la implicación de los bancos, los dirigentes europeos, en otoño de 2011, plantan cara a las dudas que se acumulan con respecto a la capacidad del país para cumplir las condiciones que se le han fijado. A pesar de la bajada del tipo de interés aplicado a la ayuda europea, que reduce sensiblemente su fardo, el aumento de la duración de los préstamos, que da seguridad, y la (modesta) reducción de la deuda aceptada por los acreedores privados, Grecia permanece en una situación precaria. El capital político de sus gobernantes está casi por completo agotado, y la sociedad no puede seguir aceptando ya más esfuerzos, tanto menos cuanto éstos siguen mal distribuidos y los males que gangrenan el país no han sido corregidos realmente.

En estas condiciones, es posible aún trazar un sendero de salvación que no pase por una reducción de la deuda, pero éste está sembrado de asechanzas. Lleva primero a dar absoluta prioridad a la recuperación de las finanzas públicas, mientras que el país sufre tanto o más por sus problemas de competitividad, su cultura de rentista o el desfallecimiento del Estado. La estrategia de seguir este camino, luego, es arriesgada. A cada cita con la troika FMI-Comisión Europea-BCE surge de nuevo el espectro de un devastador impago cuya eventualidad alimenta el nerviosismo de los mercados y repercute en los demás países. En vez de permitir que la herida continúe supurando, más valdría aplicar de inmediato el bisturí: devolver el endeudamiento del Estado griego a un nivel que garantice sin discusión posible su solvencia y recapitalizar al mismo tiempo los bancos a los que la operación dejara en situación precaria. La cirugía de campaña es a veces la mejor de las medicinas.

Este guión supone no obstante que sólo Grecia es realmente insolvente y que, si se gestiona con precaución, la reducción de su deuda no producirá reacciones en cadena. Aquí interviene el interrogante realmente angustiante, el que motiva las alarmas y las especulaciones: ¿es Grecia un caso aparte, una aberración en el seno de la zona euro? ¿O sólo caricaturiza unos males más comunes? ¿Se puede poner freno al contagio, o cualquier solución aplicada a Grecia acabará siendo aplicada a los demás?

La cuestión sólo es simple en apariencia. La situación de los demás países es ciertamente muy distinta. Irlanda y Portugal están en situación incierta, pero sus finanzas públicas están en mucho mejor estado y su voluntad de recuperación es mucho más firme. La deuda pública de España sólo era, a finales de 2010, del 60% del PIB, sensiblemente inferior a la de Alemania (83%). Por lo que a Italia se refiere, aunque la deuda sea muy elevada (120% del PIB), su déficit es limitado (4% del PIB), y no se necesitan muchos esfuerzos para colocar la ratio de deuda en un sendero de gradual reducción.

Cálculos de este tipo reconfortan, pero con demasiada facilidad. La realidad es más inquietante, pues la crisis ha puesto progresivamente de relieve en el edificio europeo varias fragilidades que sus arquitectos habían ignorado o subestimado.

La primera de esas fragilidades es que los bancos son vulnerables a las crisis de la deuda soberana porque poseen muchos títulos públicos, a menudo de sus países de origen. Paralelamente, los Estados son vulnerables a las crisis bancarias porque son individualmente responsables de la salvación de las instituciones financieras nacionales. Una crisis soberana acaba siempre dañando el sistema bancario. Simétricamente, un país cuyos bancos van mal acaba casi siempre sufriendo una degradación de sus finanzas públicas, porque el coste de la salvación de un sistema bancario puede llegar a valorarse en decenas de puntos de PIB. Esta mutua dependencia es un peligroso amplificador de las crisis.

La interacción entre deuda soberana y bancos existe también en muchos países que disponen de su propia moneda. Pero todo el mundo sabe que su banco central se interpondría en caso de una amenaza especulativa sobre la financiación del Estado. La situación presupuestaria británica, por ejemplo, es peor que la de España, pero la certidumbre de que el Banco de Inglaterra pondría trabas a una especulación sobre la deuda basta para tranquilizar a los inversores. Más precisamente, la simple eventualidad de semejante respuesta basta para eliminar lo que los economistas denominan la existencia de equilibrios múltiples.

El asunto es algo técnico. Del mismo modo que la mecánica determina en cada instante la posición de los planetas en función del campo de fuerzas que regula sus movimientos, el análisis económico tradicional se basa en la idea de que a cada configuración de fuerzas corresponde un equilibrio del que la economía puede temporalmente apartarse, pero hacia el que converge a largo plazo. De acuerdo con esta lógica, la solvencia se aprecia a partir del tipo de interés de equilibrio, y el cálculo permite determinar si un país es solvente o si no lo es. Sin embargo, pueden coexistir varios equilibrios, porque la solvencia de un prestatario depende del tipo de interés que se le aplique: un Estado puede ser solvente si sus acreedores lo creen solvente (y le prestan a un tipo moderado) o insolvente si le creen insolvente (y le hacen soportar las primas de riesgo correspondientes).

Un ejemplo permite comprender esta eventualidad. Con una deuda pública del 120% del PIB y un tipo de interés del 3%, el montante de los intereses anuales sobre la deuda pública de Italia es del 3,6% (= 120% × 3%) del PIB. Para pagar sus intereses y no verse obligada a emitir nueva deuda, le bastaría con obtener un superávit de los ingresos sobre los gastos no financieros del 3,6% del PIB; es muy factible y, por lo tanto, podemos llegar a la conclusión de que sus problemas de finanzas públicas son gestionables. Pero si el tipo de interés es del 7%, ese superávit llamado primario debe ser del 8,4% del PIB, un nivel que ningún país avanzado ha mantenido nunca por mucho tiempo. La solvencia del país puede, en estas condiciones, ser cuestionada. Además, a este nivel de tipo de interés, los bancos sufren pérdidas en los títulos públicos que compraron cuando el tipo de interés era del 3%, y eso los fragiliza. Corren, pues, el riesgo de tener que ser recapitalizados por ese Estado que experimenta dificultades para financiarse a sí mismo. Dicho de otro modo, Italia es solvente si los acreedores aceptan prestarle en condiciones razonables, pero se vuelve muy probablemente insolvente si sólo le prestan en condiciones usurarias. Las previsiones sobre la futura solvencia del país pueden ser, pues, autorrealizadoras.

El caso no es teórico. Se presentó en Brasil durante la primera elección de Luiz Inácio Lula da Silva para la presidencia del país. Los mercados estaban convencidos de que una vez elegido, el candidato del Partido de los Trabajadores decidiría el impago de la deuda del país, y habían dejado de prestarle. El *spread* del tipo de interés con respecto a Estados Unidos (se trataba de préstamos en dólares) había subido de 7 puntos a comienzos de 2002 a 22 puntos unos meses más tarde. A este nivel de tipos de interés, Brasil era efectivamente insolvente. El país necesitó la ayuda del FMI y pacientes esfuerzos para convencer a los mercados de que el nuevo elegido no era un irresponsable. Unos meses más tarde, el *spread* había vuelto a los 7 puntos. Se había ganado la apuesta. El país era considerado de nuevo solvente.

Para contrarrestar una especulación autorrealizadora, por lo general no basta la persuasión. Es bueno, también, poder poner mucho dinero sobre la mesa para impresionar a los mercados. Como dijo en 2008 Hank Paulson, el secretario del Tesoro de George Bush, «si tenéis una pistola de agua en el bolsillo, hay muchas posibilidades de que tengáis que sacarla. Pero si tenéis un bazooka y la gente lo sabe, hay pocas posibilidades de que tengáis que hacerlo». Puesto que dispone de un poder de creación monetaria ilimitado, el banco central posee un bazooka y puesto que los inversores lo saben siguen, a pesar de todo, prestando al Estado federal norteamericano o al Tesoro de Su Majestad Británica.

El quid de la cuestión, sin embargo, es que el BCE no ha recibido el mandato de utilizar el bazooka. Es la segunda fragilidad de la zona euro. El banco central, por el contrario, ha heredado del Bundesbank la prohibición de comprar deuda pública en el momento de su emisión y de reflotar a los Estados menesterosos. El tratado europeo no descarta explícitamente, es cierto, las compras de deuda pública ya emitida (en lo que se denomina el mercado secundario), pero el procedimiento está claramente en desacuerdo con la filosofía que presidió la creación del euro.

A situación excepcional, medidas excepcionales, se dirá. Sin duda, y el BCE compró efectivamente títulos griegos y portugueses en la primavera de 2010, luego de nuevo títulos italianos y españoles en otoño de 2011. Pero justifica su intervención con argumentos tan alambicados que todo el mundo percibe la incomodidad que sus propios actos le causan. Si era necesario un testimonio, las sucesivas dimisiones, en febrero y septiembre de 2011, del presidente del Bundesbank y sucesor putativo de Jean-Claude Trichet, Axel Weber, y del miembro alemán del directorio del BCE, Jürgen Stark, atestiguan que el *establishment* monetario alemán está horrorizado por las iniciativas de Jean-Claude Trichet.

No es sólo cosa de pedigrí. La incomodidad de los dirigentes del BCE procede también de que saben que las intervenciones pueden ocasionar pérdidas. Éstas no son inevitables –muy al contrario, una intervención con éxito del banco central se plasma en un beneficio–, pero se producen si el valor de mercado de los títulos sigue bajando después de su adquisición. Ahora bien, aunque tenga medios para absorber semejante pérdida, al BCE no le gustaría que los Estados le recordaran que ellos son en última instancia sus accionistas, ni afrontar las opiniones públicas de la Europa del norte, que consideran ya sus intervenciones como transferencias disfrazadas.

El reproche es excesivo, pero no carece por completo de fundamento. Contrariamente a un banco central nacional, que dialoga con un solo Estado, el BCE se enfrenta a varios países. Si el Banco de Inglaterra tiene pérdidas en el mercado de la deuda del Tesoro británico, el dividendo que le paga como accionista único se verá disminuido, simplemente, otro tanto. En cambio, si el BCE interviene en el mercado de la deuda italiana y tiene pérdidas, reducirá los dividendos que paga al conjunto de los Estados de la zona euro. La operación se asimilará a una redistribución, tanto más problemática por cuanto los votos en el Consejo de gobernadores de la institución monetaria no se ponderan de acuerdo con la importancia del país. Una coalición de gobernadores de pequeños países en dificultades podría pues, teóricamente, tomar el poder, organizar la reflotación de sus Estados y cargar el coste de la operación a sus vecinos ricos y prósperos.

A todo ello se añade por fin un problema de riesgo moral: un país que sabe que goza de la generosidad del banco central puede sentirse tentado a abusar. Por lo demás, es exactamente lo que hizo la Italia de Silvio Berlusconi en los días que siguieron a la puesta en marcha del programa de compra de obligaciones italianas por el BCE, en agosto de 2011. Como preludio a estas intervenciones, y bajo la presión conjunta de Jean-Claude Trichet y Mario Draghi, el gobernador del Banco de Italia, el gobierno había anunciado a comienzos de mes una retahíla de medidas que comprendían un significativo aumento impositivo sobre las rentas altas. Apenas había comenzado el BCE a comprar papel italiano cuando la coalición gubernamental dio marcha atrás y desmintió sus intenciones fiscales. Jean-Claude Trichet había caído en la trampa. Este episodio ilustra los riesgos de una intervención en beneficio de los Estados en ausencia de cualquier marco contractual que fije los deberes de cada uno.

Por todas estas razones, al BCE le tiembla la mano, y eso alimenta la intranquilidad de los mercados. Éstos piensan que no comparte la lógica del bazooka, y no dejan de especular sobre el final de sus intervenciones. Para liberarlo de esta responsabilidad que le incomoda, los dirigentes de la zona euro decidieron, en julio de 2011, permitir al FEEF, el Fondo Europeo de Estabilidad Financiera, proceder a adquisiciones de bonos en el mercado secundario. El problema es que el tamaño de ese fondo es limitado: 440.000 millones, una parte de los cuales ha sido ya utilizada para ayudar a Irlanda y Portugal y otra está destinada a financiar el segundo programa griego. Está previsto además que el FEEF ayude a la recapitalización de los bancos en los países que no dispongan de medios para hacerlo. En total, sólo puede comprometer en la batalla de 250.000 a 300.000 millones de euros. Parece mucho, pero el BCE gastó casi 90 mil millones en agosto-septiembre de 2011, de manera que, a este ritmo, al FEEF le quedan sólo municiones para tres meses. Ciertamente, no es bastante para frenar el contagio. El dilema es claro: o hacer que intervenga el banco central, con todas las dificultades que esto comporta, o confiar sólo en el Fondo Europeo de Estabilidad Financiera, que corre un gran riesgo de carecer de recursos.

Pero existe una solución. Propuesta por Daniel Gros, y Thomas Mayer, podría consistir en la apertura por el BCE de una línea de crédito para el FEEF. Los créditos serían avalados por el depósito en las cuentas del banco central de los títulos de Estado adquiridos en el mercado secundario, tras la aplicación de un descuento. Al tomar prestado, el FEEF multiplicaría su potencia de juego. Una solución de este tipo fue puesta en práctica en 2009 por Estados Unidos para garantizar un efecto multiplicador de los créditos para la salvación de los bancos votada por el Congreso. Serían los Estados que aportaron su garantía al FEEF quienes correrían con el riesgo de impago de un prestatario soberano. Concretamente, ellos son los que deberían pagar en caso de impago italiano o español y, simétricamente, ellos se embolsarían los beneficios si los Estados pagasen sus deudas. El BCE se mantendría fiel su papel aportando el crédito.

Esta solución es la que más se aproxima a la lógica del bazooka. Topa sin embargo con las reservas de quienes ven en ella una infracción a la prohibición de financiar la deuda de los Estados. A falta de semejante dispositivo, se han imaginado otras fórmulas, que constituyen variaciones sobre el tema.

Puestos a prueba, los principios y las reglas sobre cuya base fue construido el euro revelan ambigüedades, fallos y contradicciones. La ausencia de una garantía –implícita pero cierta– de que el banco central actuará en caso necesario para frenar una especulación sobre la deuda de los Estados hace a éstos más vulnerables, acrecienta los riesgos de un círculo vicioso entre crisis bancaria y crisis soberana, y rebaja el umbral de seguridad para la deuda pública. Nadie tenía total conciencia de esta lógica implacable, y por eso la discusión se centró en torno a los criterios de Maastricht. Habrá sido necesario esperar a 2011 para advertir que la cuestión no era la numerología oficial, sino la del riesgo de una crisis especulativa que arrastrara a Estados y bancos a una espiral infernal.

Los europeos deben consagrarse a una refundación en plena tormenta.

15

Abolir la ambigüedad

«Sólo se sale de la ambigüedad en detrimento de uno mismo», decía el cardenal de Retz. Para los europeos, ha llegado la hora de desmentirle. Su contrato de matrimonio necesitaba suficientes equívocos para que cada cual lo interpretara como la empresa de sus sueños. Su proyecto necesitaba suficiente indeterminación para permitir el aprendizaje de la vida en común. Durante dos decenios, la ambigüedad les ha sido muy útil. Pero se ha vuelto demasiado cara, demasiado peligrosa incluso. Es hora de revisar los principios y de refundar el euro.

Sin embargo, las prioridades parecen muy distintas. En otoño de 2011, las urgencias son múltiples: desactivar, por fin, el riesgo griego; acabar con la crisis bancaria; impedir que Italia pierda el acceso al mercado de deuda; prevenir la recesión que amenaza; abrir perspectivas de recuperación a la Europa del sur. ¿Es éste el momento de reanudar abstrusas y conflictivas discusiones sobre el proyecto europeo, la gobernanza, el federalismo? ¿Realmente hay que añadir a la crisis financiera la perspectiva de una crisis política? En el campo de batalla, los utópicos pocas veces encuentran su lugar.

En plena tormenta, el pragmatismo no es, sin embargo, suficiente. Pues lo que opone entre sí a los europeos no es sólo la elección de los instrumentos, es también la elección de la solución. Cuando se despellejan sobre los detalles de ése o aquel dispositivo, es casi siempre porque unos ven en él el inicio de un movimiento adecuado a sus deseos y otros las primicias de una evolución que consideran peligrosa. No sólo se dividen, pues, sobre la táctica, o incluso sobre la estrategia, sino también y especialmente sobre los objetivos de la guerra. Ahora bien, estas divergencias son percibidas evidentemente por los mercados, y alimentan su desconfianza.

En estas condiciones, responder a la urgencia, incluso eficazmente, no basta para extinguir las dudas. La carencia de credibilidad que afecta al euro alimenta la especulación y seguirá haciéndolo mientras los defectos del edificio monetario europeo no estén en vías de ser corregidos. No basta con movilizar capacidades de acción, aunque tengan el alcance de un bazooka. Hay que indicar también una dirección para las reformas que deben llevarse a cabo, abrir una perspectiva que sirva de guía a la acción, proponer un futuro en el que arraiguen las previsiones. La imagen, forzosamente, será difusa al principio. La andadura, inevitablemente, será entrecortada. En este o aquel momento, las disensiones harán que se dude de la capacidad de los alemanes, los franceses y los demás para reexaminar juntos los principios en los que se pusieron de acuerdo hace veinte años. Pero la peor de las confesiones sería no comprometerse en esa empresa por miedo a ser incapaces de llevarla a cabo.

¿Qué hacer? Devueltos a enfrentarse a las esencias, los múltiples interrogantes a los que se enfrentan los europeos se resumen en tres problemas: el de los principios sobre los que basarse para resolver la crisis de las deudas soberanas; el de la organización política de la zona euro; el de la recuperación de la Europa del sur. Tomémoslos uno a uno.

Si se acepta que, por las razones indicadas en el capítulo anterior, el banco central no desempeñará de forma permanente el papel de prestamista de último recurso con respecto a los Estados, ¿cómo puede responderse a la fragilidad que resulta de ello y que contribuye ampliamente a la desconfianza de la que es objeto la zona euro? Tres tipos de respuestas pueden, en principio, darse a esta pregunta: la dieta para los Estados, el culturismo para los bancos o la solidaridad entre Estados del euro. Estas vías son, en parte, complementarias y pueden seguirse paralelamente, pero para la claridad de la exposición es preferible presentarlas por separado y examinar hacia dónde conduciría una estrategia consistente en apostar por una de ellas exclusivamente. Responder con la dieta de los Estados consiste en devolver sus deudas a niveles tales que su solvencia esté por encima de cualquier sospecha, incluso en situación de crisis económica o de pánico bancario. La experiencia de España y la de Irlanda, dos países cuyas finanzas públicas eran consideradas, incluso en 2007, como perfectamente sanas, indica que el umbral de endeudamiento correspondiente a esta exigencia es sin duda claramente inferior al 60% del PIB incluido en el tratado de Maastricht. Ese umbral, por lo demás, no es uniforme: debe ser más bajo en un país cuyo sistema bancario está más desarrollado o más expuesto al riesgo, más bajo también para un Estado cuya recaudación fiscal es volátil. Elegir esta vía es comprometerse en prolongados esfuerzos para llegar más allá del objetivo de estabilización de las ratios de deuda pública que constituyen el horizonte inmediato de muchos gobiernos, e incluso mucho más allá del objetivo de un regreso al 60% del PIB que adoptan hoy las organizaciones internacionales. Según los cálculos del FMI, esto impone alcanzar de hoy a 2020 un superávit primario estructural de las cuentas públicas (el excedente presupuestario antes de pagar los intereses de la deuda) igual al menos, y probablemente sensiblemente superior, a 3 puntos del PIB para Francia (contra un déficit de 3 puntos en 2010), a 4 puntos del PIB para Italia y Portugal, a 5 puntos del PIB para Irlanda. Y eso exige conservar ese superávit durante todo el decenio siguiente.

El objetivo fijado sólo es alcanzable, pues, a largo plazo, a costa de un prolongado esfuerzo de rigor que no es seguro que esté al alcance de todos los miembros de la zona euro. Los países del norte, que no están muy alejados del objetivo, predican a los del sur que les basta para lograrlo con tomar como ejemplo a sus vecinos. La ascesis, sin embargo, corre el riesgo de ser especialmente dolorosa para unos países que deben, a la vez, recuperar competitividad, reinventar su modelo de crecimiento y, para algunos, llevar a cabo el desendeudamiento de las familias y las empresas. El rigor es necesario, claro está, pero comprometerse en una unión monetaria que lo apueste todo a un cumplimiento de los objetivos de Maastricht implicaría, sin duda alguna, una redefinición de su geometría, alrededor de un limitado número de países aptos para semejante disciplina. La empresa sería demasiado ardua para no dejar a algunos en la cuneta.

La segunda respuesta –el culturismo de lo bancos– consiste en constatar la existencia de un riesgo de quiebra de los Estados y actuar de modo que se minimicen sus consecuencias sobre el sistema financiero. Eso lleva de entrada a fortalecer las instituciones financieras imponiéndoles ratios de capital más elevadas. Es la respuesta que eligió Suiza antes incluso de que la Unión Europea tomara ese camino para remediar la degradación de la situación de sus bancos. Pero ello implica también proteger a los bancos de sus propios soberanos poniendo fin a las relaciones incestuosas que mantienen con los Estados. Concretamente, las instituciones financieras deberían tener en cuenta el riesgo de impago de los prestatarios públicos y diversificar sus carteras para no estar tan expuestos a sus países de origen. La misma lógica invitaría a derribar los tabiques entre los sistemas bancarios nacionales mutualizando la responsabilidad de salvamento de los bancos mediante la creación de un mecanismo europeo de seguro (algo que, evidentemente, supondría también que la responsabilidad de la supervisión bancaria se transfiriese al nivel europeo). Los bancos estarían así protegidos de los Estados, y los Estados de los bancos. Sería llevar la lógica del euro hasta su última consecuencia, creando un sistema financiero unificado, diversificado y, por lo tanto, más robusto.

Un régimen de este tipo, que dejara a los Estados libertad para elección su política presupuestaria –dejando a su cargo las eventuales consecuencias de su propia imprudencia–, sería coherente. Se parece mucho, además, al sistema que está en vigor en Estados Unidos, donde los Estados federados pueden quebrar individualmente y no pueden contar con una ayuda federal, pero donde la responsabilidad de la supervisión y del eventual salvamento de los bancos pertenece a Washington, y no al Estado donde esa o aquella institución financiera está inscrita. Europa, en suma, debería hacer federalismo bancario y financiero.

Elegir este camino plantearía, sin embargo, un gran problema: ¿por qué los Estados, a quienes pertenece el poder reglamentario, iban a privarse voluntariamente de las facilidades que les ofrece el acceso a la financiación por parte de su propio sistema bancario? ¿Por qué iban a hacer todo lo que estuviera en sus manos para minimizar de antemano las consecuencias de su propia quiebra, actuando así de modo que el banco central pudiese abandonarlos sin miramientos a su triste suerte? Sería dar pruebas de una virtud que no ha sido habitual. Es preciso, por lo demás, mucha seguridad para considerar que el impago de un país como Italia, cuya deuda pública supone el 20% del PIB de la zona euro, pueda gestionarse sin dramas. En Estados Unidos, la deuda pública acumulada de todos los Estados y colectividades territoriales sólo llega al 18% del PIB del país, y la deuda del Estado más importante, California, a menos del 1%: aproximadamente cuatro veces menos que el volumen de la deuda griega en la zona euro. Ciertamente, hay que reducir la mutua exposición de los bancos y los Estados, fortalecer el capital de los bancos, organizar la supervisión bancaria a escala europea, y permitir una mutualización del coste de las operaciones de apoyo a los bancos. Pero no hay que hacerse ilusiones: nada de todo ello hará anodino el impago de un Estado europeo, aunque sea de tamaño medio.

La tercera vía, la de la solidaridad, parte de la constatación de que la vulnerabilidad de los Estados europeos se debe a su fragmentación. Vista desde Marte, en efecto, la zona euro está en mejor posición que muchas otras. Con una ratio de deuda del 85% del PIB a finales de 2010, la situación es grave, pero no más que en Estados Unidos (94%) o en el Reino Unido (80%). El déficit previsto para 2011 –la fuente de las nuevas deudas– se aproxima al 10% del PIB en Estados Unidos, se eleva a más del 8% en el Reino Unido, pero es sólo de algo más del 4% en la zona euro. Recapitalizar los bancos hasta los 200.000 millones de euros, retomando la valoración de las pérdidas prevista por el FMI en agosto de 2011, sólo aumentaría el déficit presupuestario de la zona euro en 2 puntos del PIB aproximadamente, lo que lo haría muy inferior al de Estados Unidos. El consenso europeo sobre la necesidad de dominar las finanzas públicas es además general, y casi nadie pretende, como los líderes del Tea Party norteamericano, que sea posible lograrlo bajando los impuestos. La zona euro tomada como un todo está, pues, objetivamente, en mejores condiciones que los demás países o conjuntos de países avanzados.

De este modo ha vuelto a la superficie una vieja propuesta: la de los *eurobonos*. En su origen se trata de una fantasía. ¿Por qué, dicen desde hace mucho tiempo federalistas obstinados y keynesianos impenitentes, no emitir obligaciones de la Unión, o de la zona euro? Al contrario que los Estados nacionales, ni la una ni la otra están endeudadas; podrían, pues, emitir, financiar grandes obras públicas e impulsar el crecimiento. La propuesta es aparentemente seductora, salvo que ni la Unión Europea ni, a fortiori, la zona euro tienen el poder de recaudar impuestos.

La idea formulada en 2010 por un dúo de economistas francoalemán es distinta. Sería necesario, de acuerdo con Jacques Delpla y

Jakob von Weizsäcker, que hasta cierto umbral, por ejemplo el 60% del PIB, la deuda de cada Estado del euro gozara de la garantía conjunta y solidaria de todos. Concretamente, los tesoros públicos nacionales podrían, por ejemplo, pasar por el canal de una agencia de la deuda común que emitiera en los mercados de deuda títulos que gozaran de semejante garantía. Cada Estado se endeudaría individualmente con la agencia, pero los inversores no adquirirían un título alemán, francés o español, comprarían un *eurobono* que gozaría de la garantía solidaria de todos los Estados participantes. Como contrapartida, claro está, todos tendrían que aceptar someterse a compromisos de disciplina presupuestaria.

Para limitar los riesgos corridos por los socios, Delpla y Weizsäcker proponen que la deuda emitida por este canal, llamada «azul», gozara de un estatuto de senioridad con respecto a la deuda emitida por encima del umbral del 60% del PIB, llamada «roja». La deuda azul sería pues, contractualmente, servida siempre de modo prioritario, y la deuda roja luego. Los inversores sabrían que, si hay restructuración, ésta afectará a la segunda y no a la primera. Los Estados participantes sabrían que hay muy pocas posibilidades de que se recurra a su garantía, puesto que la deuda azul no sería objeto de especulaciones autorrealizadoras y que, en estas condiciones, un endeudamiento del 60% del PIB sería sostenible. Y aquellos que tienden a ser laxos con su presupuesto deberían contener sus inclinaciones porque, en caso contrario, los mercados se apresurarían a hacer subir los tipos de interés de la deuda roja. El dispositivo, ingenioso, combinaría así protección e incitación a la prudencia, garantía solidaria y responsabilidad individual.

La creación de *eurobonos* llevaría a la emisión de un volumen importante de deuda por parte del conjunto de la zona euro, que podría obtener el estatuto de activo europeo de referencia para los inversores del resto del mundo. En Singapur o en Abu Dhabi, al no tener necesidad de preguntarse qué deuda europea comprar, invertirían en *eurobonos*. Podría soñarse incluso que éstos serían tan solicitados como los famosos T-bonds norteamericanos y contribuirían a que emergiese una alternativa al dólar en sus funciones de moneda internacional de reserva.

Sin embargo, lo esencial no estriba en la elección de fórmula. Es más bien saber –era la segunda pregunta planteada al comienzo de este capítulo– cuáles serían las implicaciones institucionales y políticas de una garantía solidaria, y qué beneficio podrían obtener los Estados que gozan aún de la confianza de los mercados al compartir ese tesoro con otros.

Garantizar solidariamente las deudas de sus socios es, en cierto modo, ofrecerles como último recurso el acceso a sus propios contribuyentes, y supone aceptar que la propia firma sea puesta en peligro por el comportamiento de los vecinos. Hacerlo en Europa supone, también, cuestionar de nuevo un principio fundacional de la unión monetaria según el cual cada Estado es el único responsable de sus deudas. Es, por añadidura, hacerlo de modo difícilmente reversible, pues, una vez concedida, una garantía es válida hasta el vencimiento de los títulos emitidos, es decir diez años para la deuda más habitual. Ningún responsable político, ningún Estado puede pensar en tomar semejante decisión a la ligera, ni siquiera en situación de crisis aguda y de amenaza contra la existencia del euro. Sólo puede concebir firmar un contrato de este tipo con muy sólidas contrapartidas. Tan sólidas, de hecho, que implicarían una revisión de los fundamentos del euro.

La contrapartida de una solidaridad en las deudas no podría ser un dispositivo de vigilancia y de sanción análogo al Pacto de Estabilidad, ni siquiera si se reforzara una vez más. Éste se apoya en un control a posteriori: un país cuyo déficit o cuya deuda son demasiado elevados puede ser sancionado. Ahora bien, un socio que se presenta como garante solidario no puede contentarse con semejante mecanismo, precisamente porque no tiene la posibilidad de retirar la garantía concedida a una deuda ya emitida. Habría que pasar, pues, forzosamente, a un régimen de control a priori. En términos concretos, eso significa que si, mañana, dos países, por ejemplo Francia y Alemania, pusieran en marcha un mecanismo de solidaridad sobre las deudas soberanas de los países del euro, cada uno de ellos debería tener no sólo derecho a conocer, sino, en caso de quebrantamiento grave de las reglas comunes, también derecho a vetar las decisiones presupuestarias de sus socios. En el marco europeo, eso implicaría una mutualización del poder de veto, que debería ser ejercido por una instancia común.

Semejante evolución significaría que un presupuesto votado por un parlamento pero que contraviniese gravemente los principios o las orientaciones decididos juntos podría quedarse en letra muerta. Eso supondría un orden jurídico en el seno del cual el parlamento nacional pudiera, en circunstancias determinadas, ser privado de su soberanía presupuestaria exclusiva.

Podríamos así imaginar que los Estados tienen unas cuotas de emisión anual limitadas, más allá de las cuales no tendrían ya derecho a emitir. Podría considerarse que los presupuestos nacionales deben ser validados por una instancia parlamentaria de la zona euro. Esta validación sería normalmente puramente formal, salvo en caso de que un Estado que goce de la garantía solidaria corra un riesgo excesivo. La instancia parlamentaria debería emanar, sin duda, del Parlamento Europeo y de los parlamentos nacionales a la vez. Sólo el Parlamento Europeo, que es elegido democráticamente pero cuya legitimidad sigue siendo débil para los ciudadanos, y que no tiene competencias fiscales, no bastaría, en efecto, al menos tal como es hoy. En último término, en caso de impago de un tomador habría que recurrir a los contribuyentes de los distintos países y a sus parlamentos, que son los que tienen competencias fiscales.

Podría concebirse, alternativamente, que las leyes de presupuestos fueran sometidas, antes de poder ser promulgadas, al examen de la Comisión Europea que podría apelar al Tribunal de Justicia en caso de infracción. De un modo u otro, una ley de presupuestos que fuera considerada contraria a los principios comunes de responsabilidad presupuestaria, o contraria a las orientaciones fijadas para el conjunto de la zona, sería anulada y no podría, jurídicamente, ser ejecutada.

Un dispositivo de este tipo existe en España, donde las comunidades autónomas, a pesar de ser muy autónomas, han aceptado someter sus programas de emisión de deuda al control de Madrid. Pero salvo en el caso de intervención del FMI, no existe ningún ejemplo de Estado soberano que esté sometido a un régimen de autorización.

Naturalmente, el poder de veto no debería afectar al contenido del presupuesto. Cada parlamento nacional seguiría siendo libre en cuanto al nivel y la atribución del gasto público, así como en lo referente a la estructura de los gravámenes que lo financian. No hay razón sólida alguna para que Europa tenga de un modo u otro autoridad sobre la elección entre reclutar enseñantes y reclutar policías, o sobre la distribución de la carga fiscal entre clases medias y las rentas altas. Los Estados europeos pueden desear ponerse de acuerdo en estos campos, pero la decisión les pertenece individualmente. Del mismo modo, la edad de la jubilación debería seguir dependiendo de los arbitrajes nacionales, siempre que las pensiones no fueran financiadas con crédito. La emisión de deuda financiera y el futuro equilibrio de las finanzas públicas deberían seguir siendo los únicos ámbitos de una eventual intervención de la zona euro contra decisiones de los parlamentos.

En cualquier caso, atribuir de forma permanente semejante autoridad a un comité de tecnócratas o a un cónclave de ministros es difícil de imaginar. Contravendría los principios fundamentales de la democracia parlamentaria. Decisiones de este tipo sólo podrían tomarse por una instancia capaz de oponer a la decisión de un parlamento nacional la de otra instancia igualmente legítima y reconocida como tal por los Estados y los pueblos europeos. O, por decirlo de otro modo, la emisión de *eurobonos* no se concibe de forma permanente sin un tipo de unión política –precisamente la que se había evocado y luego descartado en las primeras discusiones sobre la unión monetaria.

La misma lógica se aplica a otras formas posibles de federalismo presupuestario que permitan, por ejemplo, transferencias permanentes o se apoyen en mecanismos sólidos de garantía mutua. No por casualidad la democracia moderna se construyó en torno a los poderes presupuestarios del parlamento. *No taxation without representation* –el eslogan de la revolución norteamericana– debe entenderse en sentido amplio: una autoridad presupuestaria no se concibe sin un fundamento democrático.

Tomar este camino supondría, evidentemente, un nuevo tratado entre los miembros de la zona euro. El tratado existente, es cierto, permite ya a los Estados del euro tomar medidas con vistas a reforzar su cooperación. El respeto de la democracia implica no obstante que una decisión de tan gran calado sea discutida en todos los Estados concernidos, y que la sustitución de un principio de no-corresponsabilidad sobre las deudas por un régimen de solidaridad no se haga a toda prisa. Por lo demás, aunque quisiera hacerse de otro modo, el procedimiento no pasaría sin duda la barrera del control constitucional.

Resolver el tercer problema, el de la recuperación de los países de la Europa del sur, será inevitablemente largo y difícil. Más allá de las actuales convulsiones, la cuestión es saber cómo evitar que estos países se hundan en un prolongado estancamiento y en un permanente subempleo.

No sólo se necesitarán mucho tiempo y esfuerzos para llevar a cabo la devaluación interna de las economías de la Europa del sur, sino que tampoco se reconstruye una economía eficiente por la mera magia de los ajustes de precios. Sólo en los cuentos de hadas los equipos que se han disuelto, los asalariados cuya competencia se ha embotado en el paro, los subcontratantes que han renunciado a su trabajo por falta de encargos o los investigadores que han tenido que cambiar de tema se reúnen una noche de luna llena, recuperan sus antiguas ropas de trabajo y convergen hacia los edificios invadidos por el polvo para resucitar lo que la sobrevaluación monetaria destruyó. En todas partes donde los precios han crecido demasiado, las empresas han tenido que retirarse de algunos mercados, abandonar productos, cerrar sucursales, despedir –cuando no han desaparecido pura y simplemente.

La tarea será tanto más ardua por cuanto esos cambios no pueden analizarse desde una perspectiva puramente europea. En todos los países de la Europa del sur, la participación de la industria en el PIB ha bajado entre un 15 y un 25% desde los inicios del euro, mientras que aumentaba un poco en Alemania. La desindustrialización de Europa se llevó a cabo por el sur, y las actividades rentables que quedan se han concentrado en el norte. Sería del todo falso, sin embargo, entender este cambio como una simple transferencia, ignorando los efectos de la globalización. El sector textil portugués, por poner un ejemplo, no se relocalizó en Alemania. Fue sustituido más bien por el textil chino o paquistaní. Pero, al mismo tiempo, los industriales chinos han aumentado sus pedidos de maquinaria alemana, y los nuevos ricos de Shanghai sus compras de BMW. Como resultado, la industria alemana ha prosperado y la de Portugal ha periclitado. No sólo ha cambiado en Europa la localización de las actividades, sino también la estructura de la industria.

Restaurar la competitividad de la Europa del sur –y también ampliamente la de Francia– no puede considerarse una simple vuelta atrás. Se trata simultáneamente, para esos países, de decidir su lugar en el sistema de producción europeo y en el contexto de una economía mundial transformada por el ascenso de los países emergentes.

Evidentemente, en primer lugar les toca a ellos hacerlo. Sólo ellos pueden elegir el ritmo al que pretenden reducir sus costes y seleccionar los instrumentos para hacerlo. Sólo ellos pueden evaluar tanto sus bazas como sus debilidades, decidir sus prioridades y poner en práctica sus políticas de recuperación, ya sea en educación, en infraestructuras, en investigación o en su fiscalidad.

Pero Europa será inevitablemente parte activa de estas decisiones, porque fija el marco común de las políticas económicas, porque interviene en los países en crisis y porque proporciona ayuda a los países más pobres.

Su primera responsabilidad afecta a la política macroeconómica. El BCE se ha atribuido, de modo explícito, un objetivo de inflación: algo por debajo del 2% anual. Durante los doce primeros años del euro, este objetivo fue más o menos respetado, pero la media disimuló importantes divergencias. La inflación fue así del 1,5% en Alemania y del 1,8% en los Países Bajos, pero del 3,3% en Grecia, del 2,8% en España y del 2,5% en Portugal. Reabsorber las diferencias acumuladas supone ahora que la jerarquía de las tasas de inflación se inviertan, que Alemania y los Países Bajos tengan una inflación por encima de la media, y la Europa del sur por debajo. Un simple cálculo parece indicar que, para corregir en un plazo de algunos años la subvaluación relativa de unos y la sobrevaluación relativa de otros, las diferencias tendrán que ser apreciables. Con una media del 2% para la zona euro, la inflación alemana tendrá que aproximarse al 3%, la de España tendrá que acercarse al 1%, y la de Grecia tendrá que ser más baja aún.

Ahora bien, nadie ha preparado a las opiniones públicas de la Europa del norte, que son especialmente reticentes a la inflación, para el hecho de que el estricto respeto del mandato del BCE –que se aplica al conjunto de la zona euro– implique probablemente para su propio país un ritmo de subida de los precios más elevado. El propio BCE se ha guardado mucho de insistir en el hecho de que pondría en la lucha contra una inflación media demasiado baja la misma energía que ha puesto en evitar una inflación demasiado alta. Y cuando Jean-Claude Trichet puso de relieve con orgullo, pocas semanas antes del final de su mandato, que el BCE había actuado mejor que el Bundesbank y asegurado a Alemania una «impecable» estabilidad de precios, omitió precisar que no era deseable que su sucesor, Mario

Draghi, obtuviera el mismo éxito. Cuando se lee en el *Bild*, el gran tabloide alemán, que los italianos están tan acostumbrados a la inflación como a la pizza, se advierten las dificultades de comunicación que aguardan al nuevo presidente del BCE.

Europa puede luego ayudar a los países del sur a poner en práctica su devaluación interna. Los programas de ajuste de Grecia y Portugal han hecho hincapié, hasta hoy, más en la reabsorción del déficit presupuestario que en la restauración de la competitividad. Se supone, además, que ésta procederá de la supresión o de la reforma de las reglamentaciones de los mercados de bienes y trabajos. Ciertamente, es útil eliminar las trabas sectoriales a la competencia, que crean rentas de situación para numerosas profesiones y desalientan la productividad, pero es imprudente asegurar que estas reformas desembocarán rápidamente en una recuperación de la productividad y un descenso de la inflación. La experiencia sugiere más bien que semejantes reformas sólo en su plazo producen efectos.

Para acelerar la recuperación de la competitividad, los gobiernos tendrán que considerar, sin duda, enfoques más heterodoxos. Cuando tengan esa opción –y no siempre es así a causa de la penuria de sus recaudaciones fiscales–, podrán, por ejemplo, jugar con las modificaciones de la fiscalidad y reducir las cargas directas sobre el trabajo al tiempo que aumentan los impuestos sobre el consumo, como el IVA. Esta operación, conocida en Francia con el extraño apelativo de «IVA social», mejora la competitividad de los productores nacionales y se asimila a una devaluación. Cuando no puede ser puesta en práctica por falta de recursos, es posible pensar en subvenciones temporales a los salarios, centradas en los sectores expuestos a la competencia exterior, para poner en marcha una espiral de reducción de los costes sin hacer que los asalariados sufran sus consecuencias. La Unión Europea podría contribuir a ello atribuyendo a este fin los fondos de ayuda regional llamados «fondos estructurales». Más generalmente, estos fondos, que representan sumas muy importantes en Grecia y en Portugal, podrían ser destinados útilmente a sostener la recuperación económica y las políticas de competitividad.

La Unión contribuiría también adaptando su régimen de ayudas a los Estados. Uno de los objetivos de la política europea de la competencia es limitar las subvenciones a las empresas, y así ha contribuido ampliamente al abandono de las tradicionales políticas industriales.

La situación de los países de la Europa del sur crea, sin embargo, un nuevo hecho: es ilusorio esperar de los agentes privados que inviertan suficientemente en los sectores expuestos a una temible competencia internacional mientras los precios no les garanticen la suficiente rentabilidad. En un país que sufre una sobrevaluación de sus costes, los inversores se apartan del sector más expuesto a la competencia, porque los costes son en él demasiado elevados y los precios demasiado bajos para que la inversión sea beneficiosa. No habrá, pues, reindustrialización de la Europa del sur y, por lo tanto, tampoco corrección de sus desequilibrios, sin políticas públicas de gran magnitud.

En estas condiciones, la política industrial recupera legitimidad. Los Estados de la Europa del sur tendrán que comprometerse, inevitablemente, a realizar intervenciones sectoriales. A la Unión Europea le interesa reconocerlo, y ayudar a estos países a elegir bien sus prioridades, definiendo un nuevo marco para las ayudas públicas. Interesa también a todos los socios que el capital privado vuelva a encontrar el camino de España o de Grecia en forma de inversión directa y de financiación de proyectos. Es preciso que la Unión ayude a ello, adaptando especialmente los instrumentos de financiación de los que dispone y elaborando mecanismos de garantía para las empresas.

Si fue la crisis de la deuda, en 2010-2011, la que movilizó de modo casi exclusivo las energías, la cuestión más grave para el porvenir sigue siendo la del reequilibrado interno de la zona euro. Concierne a todos sus miembros pues, sin inversiones ni creación de empleos en la Europa del sur, la unión monetaria no sobrevivirá por mucho tiempo en su forma actual. Puede pedirse a los gobernantes que tomen decisiones dolorosas, puede pedirse a los asalariados que acepten descensos de su renta, pero no puede pedirse a los pueblos que renuncien al empleo y a la prosperidad.

CONCLUSIÓN

¿Cuál es el espacio de la moneda? ¿Qué grado de integración económica, qué dispositivos de gobernanza, qué instituciones políticas, qué nivel de solidaridad entre los pueblos que decidieron compartir el euro se necesita para asegurarle un porvenir? En resumen, ¿qué debe hacerse para que la unión monetaria sea un factor de prosperidad compartida más que de sufrimientos y tensiones? Ésta es la «verdadera cuestión» de mis colegas de Friburgo. Era la de Nicolás d'Oresme. Es la que los iniciadores de la unión monetaria se habían, a fin de cuentas, puesto de acuerdo para eludir. Es la que, poco a poco, devuelven al meollo de los debates los infortunios del euro.

Para abordarla útilmente, más vale dejar de lado las viejas controversias entre escépticos y entusiastas de la aventura europea. Los primeros ven en la crisis la justificación de sus prevenciones. Los segundos perciben en ella la ocasión de resucitar sus sueños. Pero de nada sirve representar de nuevo estos papeles cuando ruge el cañón y la mayoría acepta que el común interés de los europeos es atarearse en la supervivencia de su moneda.

Unos y otros tendrían que buscar, más bien, la inspiración en aquel pensador de la moneda que fue Tommaso Padoa-Schioppa. En su último libro, *Contra la cortedad de miras*, publicado poco antes de su muerte, éste proponía una distinción entre poder débil y poder limitado: «El poder débil es el que carece de los útiles indispensables para actuar en el campo de su competencia. El poder limitado es aquél cuyo campo de competencia es restringido. El poder debe ser limitado, pero no débil». Un poder débil, añadía, lleva al despotismo.

La Europa del euro se construyó inicialmente como un poder débil al que le faltaba parte de las herramientas de prevención de las crisis y todas las de su gestión. Las decisiones tomadas en los dos últimos años han corregido parcialmente estas carencias. Las que se preparan mientras escribo estas líneas seguirán retocando el edificio.

La convicción que subtiende este libro es, sin embargo, que, por útiles que sean, la reforma de los dispositivos de vigilancia, el fortalecimiento de los mecanismos de gestión de las crisis, la recapitalización de los bancos o el realismo en lo referente a la solvencia de Grecia no bastarán, porque la prueba por la que atraviesa el euro ha revelado y revela aún profundas fragilidades en la construcción monetaria europea. Mientras subsistan los fallos que han salido a la luz, la moneda europea será objeto de suspicacias.

Remediar la inconclusión del euro no es emprender la construcción de los Estados Unidos de Europa. Es sólo partir de la sencilla constatación de que un régimen de moneda externo, como el del siglo XIX, no conviene a nuestras economías ni a nuestras sociedades. Es extraer de ello todas las consecuencias y definir una «Unión del euro» completa en el sentido de que los países que participan en ella ponen en común lo necesario para asegurar su buen funcionamiento. Pero es también evitar convertir la moneda en un factor de división de Europa entre quienes participan en ella y quienes permanecen fuera. El contrato debe ser claro: la Unión del euro precisa todo lo necesario, pero sólo lo necesario.

He indicado en este libro cuáles deberían ser los ejes: una integración económica más avanzada, que evite la repetición de los fenómenos de divergencia que marcaron el primer decenio de la unión monetaria; un federalismo bancario y financiero para poner fin a la perversa interacción entre fragilidad de los bancos y fragilidad de los Estados; una unión presupuestaria que tome la forma de un nuevo contrato entre Estados basado en principios de solidaridad y de responsabilidad; una unión política también, para que la integración no desemboque en la consagración del poder tecnocrático. Añadamos que la experiencia de estos últimos años ilustra los peligros de una gestión de las crisis basada en mecanismos de decisión intergubernamentales por unanimidad e invita a generalizar el uso de la mayoría cualificada.

Los europeos no han sido preparados para cambios de semejante magnitud. Los pueblos se han acostumbrado a que compartir la moneda sólo comporte ciertos matices secundarios, y durante mucho tiempo ningún dirigente se ha aventurado a desmentirlo. Durante doce años, desde que participan en el euro, muchos Estados han jugado con la disciplina común y los imperativos de la cooperación. No han dado paso alguno hacia la unión política. Incluso se han alejado de ella, como demostraron el fracaso del proyecto de constitución en 2005, el constante debilitamiento de la Comisión Europea y el ascenso de los partidos que hacen campaña bajo el estandarte del cada cual para sí. Con ocasión de la crisis, el más crudo egoísmo se ha envuelto a menudo en la defensa de los principios de buena gestión. A falta de estar listos, ¿son los europeos capaces, ante el riesgo de disgregación, de volver a ser ambiciosos? Este es el meollo del problema.

Se glosan mucho, desde el comienzo de la crisis del euro, las reticencias a la solidaridad y la tentación del atajo, del *Sonderweg*, de una Alemania que no quiere seguir pagando por los demás. Se reprocha a la canciller que haya retrasado constantemente las iniciativas necesarias a fuerza de prudencia y vacilaciones. Se detallan con ansiedad las prevenciones de la coalición en el poder y las reservas del tribunal constitucional. Se pone de relieve con inquietud que, para muchas empresas del otro lado del Rin que exportan hacia lejanos mercados, y para los jóvenes ambiciosos a quienes les sienta bien la globalización, Europa del sur ya sólo es un grillete. Se observa cómo este país, que tanto aspiraba a la normalidad, se siente incómodo en su papel de potencia hegemónica regional, hasta qué punto le cuesta asumir las responsabilidades anejas a este estatuto.

Todo ello es cierto. Pero al menos Alemania se toma en serio la cuestión europea. Desde hace dos años, el euro ocupa un lugar primordial en los debates políticos nacionales. Cuando la propuesta de los *eurobonos* emergió, en verano de 2011, Angela Merkel desplazó rápidamente el debate. La cuestión no es la del dispositivo técnico, dijo sustancialmente, sino la del proyecto político cuyo instrumento es. Comencemos por hablar del segundo, ya veremos si la discusión nos lleva a hacer posible el primero. Sólo podemos darle la razón. En Francia, en cambio, la discusión carece de ambición. El compromiso de Nicolas Sarkozy es innegable, pero solitario. No lo sostiene ningún debate nacional de envergadura. El Parlamento tardó en ocuparse de la cuestión, cuando lo hizo. Las primarias socialistas la evitaron ampliamente. Los intelectuales le ponen mala cara. Los medios de comunicación se centran en los avatares de la crisis, en detrimento de los envites fundamentales. La línea común de la izquierda y de la derecha sigue siendo la del gobierno económico, eslogan cómodo, pues es tan abstracto que no compromete a nada concreto.

Es posible comprender que los dirigentes políticos franceses no tengan prisa alguna por llevar al país la discusión sobre las respuestas a la crisis del euro. ¿Un país que rechazó el proyecto de Constitución europea está dispuesto a comprometerse en una integración política ambiciosa, que necesariamente implique transferencias de soberanía y un mayor poder de las instituciones europeas? ¿Un país donde la mayoría de los ciudadanos hacen un juicio negativo del euro y de la supervisión presupuestaria europea puede aceptar un régimen de control a priori de las finanzas públicas? Es imaginable que a los responsables políticos, tanto en un bando como en el otro, les gustaría que estas cuestiones no se hubieran planteado.

Sin embargo, se plantean, y la dificultad es tanto mayor cuanto, si de un modo u otro debe haber unión presupuestaria, Alemania se mostrará sin duda intratable sobre las contrapartidas. No sólo tiene la impresión de haber sido engañada por sus socios, con quienes había aceptado tener una moneda común a cambio de compromisos firmes sobre principios compartidos, sino que goza en la crisis de un estatuto de país-refugio que la ha puesto de nuevo en el centro de Europa. Eso no es justo, ciertamente, porque Berlín no se ha mostrado ejemplar en la gestión de sus finanzas públicas, ni en su práctica de cooperación europea, ni en las respuestas a la crisis, pero es un hecho: el país ha recuperado el estatus del que gozaba antes de pasar a la moneda común, cuando el marco era la indiscutible moneda de referencia.

Alemania no puede aceptar mutualizar los beneficios de su reputación e intercambiar de nuevo el papel hegemónico que los acontecimientos le han conferido por unas garantías sobre el comportamiento de sus vecinos si no puede contar con una asociación a toda prueba con Francia. Para esta última, la opción es saber si desea ser este socio o si las dudas que alimenta sobre sí misma y su lugar en Europa la conducen a preferir lavarse las manos. Para este país que ha sido el origen del euro y apoyó constantemente el proyecto, la cuestión es finalmente muy sencilla: ¿lo quiere aún? Hay que esperar, por Europa y por la democracia, que sabremos hacernos cargo de ello, y responder.

GLOSARIO[2]

Calificación soberana: las agencias de calificación dan «notas» a los emisores de obligaciones con vistas a reflejar el riesgo correspondiente. La triple A (AAA), la nota más alta, corresponde a una probabilidad muy pequeña de impago y permite obtener ventajosas condiciones de financiación. La degradación de la calificación de un emisor lleva a los inversores a reevaluar los riesgos y a reequilibrar sus carteras en función de éstos.

CDS (*Credit Default Swap*): instrumento financiero que permite a quien lo posee protegerse contra el riesgo de pérdidas en un crédito (como una obligación) a cambio del pago de una prima periódica. Se trata, pues, de una forma de seguro contra el impago de un prestatario. Distintas categorías de inversores intervienen en el mercado de los CDS, bien para asegurarse o bien para especular. La ausencia de transparencia del mercado de los CDS es criticada, porque es difícil conocer de antemano la distribución de las pérdidas entre los inversores.

Déficit exterior: se refiere por lo general al saldo de los pagos corrientes de un país (diferencia entre exportaciones e importaciones de bienes y servicios, más el saldo de las rentas de capital, más transferencias unilaterales como la ayuda al desarrollo). No debe confundirse el déficit exterior (del país) con el déficit público (de las administraciones).

---

[2] Preparado por Christophe Gouardo.

Déficit primario: déficit público del que se restan los pagos de intereses sobre la deuda.

Equilibrios múltiples: en el análisis económico, cada situación se caracteriza por un «equilibrio» hacia el que la economía converge naturalmente a largo plazo, aunque temporalmente pueda apartarse de él. Se habla de equilibrios múltiples cuando el punto hacia el que converge la economía depende de las expectativas. Eso justifica una intervención con el fin de lograr que la economía converja hacia el equilibrio más deseable.

Eurobonos: actualmente, el término se refiere a distintas propuestas que tienen como punto común mutualizar la emisión de deuda soberana de los Estados miembros de la zona euro. Las propuestas más ambiciosas apuntan a que los compromisos de cada Estado sean garantizados por el conjunto de todos los demás.

FEEF (Fondo Europeo de Estabilidad Financiera, en inglés, EFSF): fondo destinado inicialmente a participar en la financiación de los países de la zona euro que apliquen programas de ajustes. Se produjo un acuerdo en julio de 2011 para permitirle actuar de modo preventivo, intervenir en los mercados primarios y secundarios de los Estados miembros y servir de instrumento para la recapitalización de los bancos. Se financia con la emisión de obligaciones, pero los Estados miembros las garantizan (hasta los 780.000 millones de euros) para asegurarle un interés bajo.

Haircut: literalmente «corte de pelo». En el contexto de un impago soberano, el *haircut* (expresado en porcentaje) designa la parte del valor nominal de una obligación que no será devuelta a quien la posea.

Impago de crédito: incidente en el pago de los intereses de la deuda o la devolución del principal susceptible de provocar el pago de los CDS. Las definiciones del impago que pone en marcha estos pagos se fijan de antemano en los contratos y están por lo general estandarizados.

Impago soberano: se habla de «impago soberano» cuando un Estado no cumple en todo o en parte los compromisos financieros previstos en el contrato que le vincula a sus acreedores; el impago puede referirse tanto al principal como a los intereses. Un Estado puede elegir el impago, pero puede también verse obligado a ello por su tesorería y la insuficiencia de financiación por el mercado. Hay que procurar no confundir «impago soberano» y «repudio de la deuda», que consiste en declarar que ésta no será nunca pagada. Por lo general, un impago soberano desemboca en una reestructuración de la deuda del Estado.

Mercado primario/secundario (de una obligación): el mercado primario es el mercado «a la emisión», en el que se financian los prestatarios. Se distingue del mercado secundario, que se refiere al intercambio de obligaciones ya emitidas. La evolución del mercado secundario permite presagiar las condiciones de financiación de las próximas emisiones de obligaciones en el mercado primario.

Obligación (deuda): producto financiero emitido por un Estado o una empresa y negociable en los mercados. En principio da derecho al pago periódico de un interés cuyas características se conocen de antemano. Contrariamente a una acción, su importe es devuelto al vencimiento y el pago de los intereses en principio es seguro (algo que no ocurre con una acción, cuyos dividendos son inciertos). Una obligación se caracteriza por dos elementos principales: su madurez, es decir, la duración tras la cual el principal será devuelto, y las peculiaridades del interés. Desde muchos puntos de vista, una obligación tiene todas las características de un préstamo clásico.

Operaciones de refinanciación (por parte del banco central): operaciones del banco central que permiten a los bancos obtener líquido (moneda) para financiarse a corto plazo. Los bancos deben, muy a menudo, ofrecer activos financieros considerados seguros (el colateral, en la jerga financiera) que serán «cedidos temporalmente» al banco central y restituidos cuando se produzca la devolución del préstamo por el banco. La deuda soberana se utiliza a menudo como colateral, y una súbita inelegibilidad para estas operaciones, a causa de una degradación de la calificación, por ejemplo, pondría en dificultades a los bancos, que entonces se verían privados del acceso a este canal de liquidez.

Participación del sector privado: en el marco de la crisis, el conjunto de iniciativas destinadas a asegurar que los acreedores privados de los Estados, como los bancos, participen en la financiación o en la reducción de la deuda en sus manos. Las modalidades de esta participación pueden ser más o menos forzosas para los inversores. Las propuestas más radicales prevén que los acreedores asuman una pérdida sobre la deuda que poseen mientras que otras, más acomodaticias, prevén simplemente que éstos se comprometan a seguir comprando la deuda emitida por los Estados en el mercado primario.

PEC (Pacto de Estabilidad y de Crecimiento): adoptado en 1997 por los Estados miembros de la Unión Europea, el PEC fija reglas de conducta en materia de política presupuestaria y, para los participantes en el euro, modalidades de sanción en caso de que no respeten estas reglas. El «*pack* de seis», que entrará en vigor en 2012, reforzará los mecanismos de sanción e integrará otras formas de desequilibrio en la vigilancia económica de los países.

Previsiones autorrealizadoras: expectativas de los agentes en los mercados que determinan cuál acabe siendo el equilibrio económico. Véase *equilibrios múltiples*.

Prima de riesgo (*Spread* o *Risk Premium* en inglés): el *spread*, o prima de riesgo, es la diferencia entre el rendimiento de una obligación (en el contexto de la crisis, por lo general una obligación soberana) y el de una obligación de referencia considerada sin riesgo. En Europa, es el rendimiento del *Bund* alemán el que cumple esta función. El *spread* mide la percepción del riesgo relativo de un crédito para los inversores.

Reestructuración: el principio de una reestructuración es cambiar las características del endeudamiento de un Estado (su montante, su madurez y los tipos de interés en la mayoría de casos) con el fin de restaurar su solvencia cuando experimenta dificultades para enfrentarse a sus obligaciones de pago.

Rescate de deuda (en inglés, *buyback*): operación por la que un Estado rescata su propia deuda en el mercado secundario, para reducir su nivel de endeudamiento. Si 100 euros de deuda se venden en el mercado secundario a 80 euros, por ejemplo, un Estado que comprara deuda propia a este precio podría teóricamente reducir su deuda en 20 euros.

Riesgo moral (en inglés, *moral hazard*): hay riesgo moral cuando el hecho de estar asegurado contra un riesgo lleva a un individuo, un banco o también un Estado a adoptar un comportamiento más arriesgado que el que prevaldría en ausencia de esta garantía. En el marco de la crisis, el riesgo moral se ha invocado para justificar el hecho de no proporcionar asistencia financiera a los países en dificultades, alegando que en el futuro la previsión de esta ayuda incitaría a los gobiernos a adoptar políticas aventuradas.

SMP (Securities Market Programme): programa en cuyo marco el BCE compra obligaciones en el mercado secundario para ejercer una presión a la baja sobre los tipos. Este programa se puso en marcha en mayo de 2010 y ha sido reactivado en agosto de 2011.

Solvencia (de un Estado): un Estado se considera solvente si está en condiciones de cumplir plenamente sus compromisos presentes y por venir. La solvencia depende, pues, de los compromisos ya contraídos (el nivel de la deuda), de los superávits y déficits por venir (que corresponden a nuevos compromisos), de las perspectivas de crecimiento (que determinan el nivel de la recaudación fiscal), y finalmente de los tipos de interés. Puesto que esos parámetros no se conocen con certeza, la evaluación de la solvencia de un Estado por los inversores puede cambiar rápidamente si llegan nuevas informaciones.

Sostenibilidad (de las finanzas públicas): una política presupuestaria es «sostenible» si puede ser proseguida sin que eso cuestione la solvencia del Estado.

Valor nominal, valor de mercado: el valor nominal de una obligación corresponde a su valor de emisión. Su valor de mercado, el precio al que lo intercambian los inversores, varía de acuerdo con la evolución del tipo de interés. En efecto, si éste es del 3% y el Estado emite nueva deuda al 4%, las antiguas obligaciones no encontrarán comprador, salvo que su precio baje (pues ahora es ya posible adquirir deuda con las mismas características, pero que ofrece una remuneración más alta).

CRONOLOGÍA[3]

Los prolegómenos

Febrero de 1992
Firma del tratado de la Unión Europea («tratado de Maastricht»), prime-ra etapa de la creación del euro.

Junio de 1997
Adopción por el Consejo Europeo del Pacto de Estabilidad y Crecimiento.

Mayo de 1998
El Consejo Europeo decide por unanimidad los once países que participa-rán en el euro a partir de 1999: Alemania, Austria, Bélgica, España, Fin-landia, Francia, Irlanda, Italia, Luxemburgo, Países Bajos y Portugal.

Enero de 1999
El euro sustituye a las monedas nacionales en las transacciones finan-cieras.

Enero de 2001
Grecia entra en el euro.

Enero de 2002
El euro sustituye a las monedas nacionales y se convierte en la moneda oficial de los doce países de la zona.

---

[3] Preparado por Christophe Gouardo.

Noviembre de 2003

El Consejo Ecofin decide abandonar el proceso por déficits excesivos contra Francia y Alemania.

Febrero de 2005

El Consejo Ecofin dirige una advertencia a Grecia por situación de déficit excesivo.

Marzo de 2005

Acuerdo del Consejo Europeo para reformar el Pacto de Estabilidad y Crecimiento, por presiones de Alemania y Francia.

Marzo de 2005

Eurostat, la dirección de la Comisión Europea encargada de la información estadística, dice que no está en condiciones de validar las cifras comunicadas por las autoridades griegas.

Febrero de 2006

Un informe del FMI señala la falta de transparencia de las finanzas públicas griegas.

Agosto de 2007

Bloqueo del mercado interbancario europeo, a consecuencia de la incertidumbre sobre la solvencia de algunos bancos expuestos a los productos derivados de los créditos basura norteamericanos. El BCE proporciona liquidez a los bancos para evitar el completo bloqueo del sistema financiero.

Septiembre de 2008

La quiebra del banco de inversiones estadounidense Lehman Brothers pone en marcha la fase aguda de la crisis financiera. Avanzado el mes, el gobierno irlandés decide garantizar al 100% el conjunto de los depósitos bancarios de los bancos irlandeses.

La crisis

2009

4 de octubre

Las elecciones legislativas en Grecia dan la victoria al PASOC, dirigido por Georges Papandreu, frente al primer ministro saliente, Kostas Karamanlis.

16 de octubre

El nuevo gobierno griego anuncia que las cifras comunicadas a Bruselas eran falsas y que el déficit del año 2009 será superior al 10% del PIB. Dos semanas más tarde, ese déficit se cifra en el 12,7%.

8-22 de diciembre

Las tres principales agencias de calificación, Fitch, Moody's y Standard & Poor's, rebajan la nota de Grecia.

2010

14 de enero

El gobierno griego anuncia un plan de reducción del déficit, con un objetivo del 2,8% del PIB para 2012.

25 de marzo

Los dirigentes de la zona euro anuncian que están dispuestos a poner en marcha una ayuda financiera para Grecia conjuntamente con el FMI, aunque sólo como último recurso y a tipos explícitamente punitivos.

21 de abril

El tipo de interés del bono a 10 años de Grecia alcanza el 8,7%, 2,7% más que un mes antes. El 23 de abril, el primer ministro griego, Georges Papandreu, solicita la activación de la ayuda.

2 de mayo

Los dirigentes de la zona euro y el FMI anuncian un plan de ayuda a Grecia por un montante de 110.000 millones de euros, financiado hasta los 60.000 millones por préstamos bilaterales. El BCE suspende sus criterios de calificación para la colateralización temporal de la deuda griega que posean los bancos.

9-10 de mayo

Los dirigentes de la zona euro anuncian la creación del Fondo Europeo de Estabilidad Financiera (FEEF). Paralelamente, el BCE anuncia medidas excepcionales, entre ellas un programa de rescate de deuda soberana en los mercados secundarios (Securities Market Programme, o SMP), que concernirá principalmente a Grecia.

23 de julio

Publicación de los resultados de los primeros tests de resistencia de los bancos europeos, los stress tests. *Sólo siete bancos estarían en dificultades; los resultados son recibidos con escepticismo.*

29 de septiembre

La Comisión Europea presenta el «pack de seis», conjunto de textos que pretenden reformar la prevención de las crisis.

30 de septiembre

El gobierno irlandés anuncia que el salvamento del Anglo-Irish Bank costará más de lo previsto –por lo menos 30.000 millones de euros– y que otros bancos necesitarán también capitales suplementarios.

6 de octubre

La agencia de notación Fitch degrada la calificación de Irlanda. Moody's y Standard & Poor's tomarán la misma decisión antes de que finalice el mes de diciembre.

18 de octubre

En Deauville, Nicolas Sarkozy y Angela Merkel se ponen de acuerdo en un cambio de tratado con vistas a la creación de un mecanismo permanente de resolución de las crisis que permita organizar una reestructuración de las deudas soberanas.

26 de octubre

El gobierno irlandés anuncia que serán necesarios más de 15.000 millones de recortes suplementarios para alcanzar los objetivos de déficit fijados. Durante el mes siguiente, los tipos sobre el bono a 10 años aumentan en más de 2,5 puntos hasta superar el 9%.

28-29 de octubre

Los dirigentes de la zona euro se ponen de acuerdo sobre el principio de un mecanismo permanente de resolución de las crisis (MEE, por mecanismo de estabilidad europea).

28 de noviembre

Los dirigentes de la zona euro y el FMI anuncian un plan de ayuda a Irlanda por un montante de 85.000 millones de euros.

2011

11 de febrero

El presidente del Bundesbank, Axel Weber, dimite. Considerado hasta entonces uno de los pretendientes más serios a la sucesión de Jean-Claude Trichet, no está de acuerdo con las iniciativas del Banco Central Europeo.

11 de marzo

Los dirigentes de la zona euro aceptan rebajar hasta el 5 % el tipo de interés y alargar a siete años y medio la madurez sobre los préstamos concedidos a Grecia a cambio de la puesta en marcha del programa de privatización de 50.000 millones de euros. Se comprometen a que el FEEF pueda disponer de una capacidad de préstamo efectivo de 440.000 millones de euros y a que pueda intervenir excepcionalmente, de modo directo, sobre el mercado primario de la deuda soberana.

15-24 de marzo

Las tres principales agencias de calificación, Fitch, Moody's y Standard & Poor's, rebajan la nota de Portugal.

7 de abril

Portugal solicita oficialmente ayuda financiera.

17 de mayo

El Consejo Europeo adopta el plan de ayuda para Portugal, cuyo montante se eleva a 78.000 millones de euros a tres años.

25 de mayo

La agencia de prensa Reuters anuncia que el FMI ha amenazado con no desembolsar la próxima partida de ayuda a Grecia, prevista para el mes de junio, si los dirigentes de la zona euro no han conseguido llegar a un acuerdo sobre la financiación de las necesidades de Grecia en 2012.

5 de junio

La agencia de calificación Moody's degrada inesperadamente la nota de Portugal, citando los riesgos que hace correr a los inversores el adelanto de las discusiones sobre la participación del sector privado en el plan para Grecia. Esta implicación del sector privado podría presagiar el tratamiento que se daría a quienes posean deuda portuguesa.

17 de junio

El FMI y la UE aceptan desembolsar la próxima partida de la ayuda, aunque no exista acuerdo.

6 de julio

El gobierno italiano adopta la ley de finanzas. Los spread *italianos se amplían en los siguientes días, pues el proyecto no se ha considerado lo bastante ambicioso.*

15 de julio

Publicación de los resultados de los segundos tests de resistencia bancaria, más detallados y más completos que los primeros.

21 de julio

El Consejo Europeo adopta un programa de medidas destinado a poner fin a la crisis y a detener el contagio. Éste prevé: un segundo plan de ayuda a Grecia, por un montante de 109.000 millones de euros; una participación del sector privado, que acepta mantener su exposición a Grecia, al nivel de 37.000 millones de euros; un programa de rescate de la deuda griega en el mercado secundario; finalmente, una nueva rebaja de los tipos de interés sobre los préstamos hechos a Grecia, así como una prolongación de la madurez hasta los treinta años. El acuerdo prevé también ampliar el campo de intervención del FEEF (y de su sucesor, el MEE) permitiéndole actuar a título preventivo, comprar deuda soberana en el mercado secundario y financiar la recapitalización de los bancos, incluso en los países que no están en el programa.

25-27 de julio

Las agencias de calificación Moody's y Standard & Poor's degradan la nota de Grecia tras las decisiones tomadas en la cumbre del 21 de julio sobre la participación de los acreedores privados. La agencia Fitch había degradado ya su calificación por las mismas razones.

4 de agosto

El BCE reactiva el programa de compra de obligaciones (Securities Market Programme, SMP); en los siguientes días, el BCE comprará por primera vez deuda italiana y española para apaciguar las tensiones en los mercados.

5 de agosto

El presidente del Banco Central Europeo, Jean-Claude Trichet, y su sucesor, Mario Draghi, dirigen una carta al presidente del Consejo italiano, Silvio Berlusconi, en la que reclaman que se tomen de inmediato medidas de envergadura para que las finanzas públicas se recuperen. Sin embargo, en los siguientes días, la coalición parlamentaria echa atrás los compromisos adoptados por el gobierno en materia presupuestaria y fiscal.

5 de agosto

La agencia de calificación Standard & Poor's degrada la nota de Estados Unidos, que pierde así su triple A.

10 de agosto

La acción de la Société Générale pierde el 15% en un día, las del Crédit Agricole y del BNP el 12% y el 9%, respectivamente. Los mercados temen por la salud de los bancos franceses y tienen miedo de una posible degradación de la calificación soberana de Francia. En los días y las semanas siguientes, las tres principales agencias de calificación confirman la estabilidad de la nota triple A. En el conjunto de la zona euro, el mes de agosto se caracteriza por un deterioro de las condiciones de financiación de los bancos.

12 de agosto

Tras varios días de tensiones en los mercados, Silvio Berlusconi anuncia por fin los detalles de un tercer plan de austeridad. El gobierno había sido objeto de intensas presiones por parte del BCE y de los mercados, que habían considerado que los compromisos adoptados no se respetaban.

17 de agosto

Angela Merkel y Nicolas Sarkozy incitan al fortalecimiento de la gobernanza económica de la zona euro (especialmente con la creación de un Consejo económico de la zona euro) y en la rápida puesta en práctica de una más estrecha coordinación de las políticas económicas. Ambos dirigentes excluyen la creación inmediata de eurobonos y afirman que éstos sólo podrían llegar «al finalizar el proceso de integración, no al comienzo».

31 de agosto

El FMI afirma que las pérdidas debidas a la exposición a la deuda soberana por parte de los bancos europeos podrían alcanzar potencialmente los 200.000 millones de euros.

6 de septiembre

La persistente debilidad del euro obliga al Banco central suizo a fijar su tipo de cambio con respecto a la moneda única, para luchar contra la apreciación que repercute negativamente en su economía.

7 de septiembre

El Tribunal Constitucional alemán considera conformes a la Constitución los planes de salvamento ya adoptados; en cambio, estipula que el gobierno tendrá que obtener el aval del Bundestag para eventuales programas FEEF por venir. Otras disposiciones de la sentencia se interpretan como excluyentes de la creación de eurobonos.

9 de septiembre

Jürgen Stark, el miembro alemán del directorio del BCE, dimite a causa de su desacuerdo con el rescate por parte de la institución de deuda de Estado.

16 de septiembre

En una reunión de ministros de Hacienda de la zona euro en Wroclaw, Polonia, Timothy Geithner, secretario del Tesoro de Estados Unidos, apremia a los dirigentes europeos a encontrar una rápida salida a la crisis y a aumentar el poder del FEEF en cooperación con el BCE.

19 de septiembre

La agencia de calificación Standard & Poor's degrada la nota de Italia, mencionando sus malas perspectivas de crecimiento y las vacilaciones po-

líticas. El plan de austeridad había sido aprobado finalmente por el parlamento menos de una semana antes.

20 de septiembre
Finalizan las negociaciones entre el Consejo Europeo, la Comisión Europea y el Parlamento Europeo sobre la adopción del «pack de seis».

21 de septiembre
El gobierno griego revela oficialmente nuevas medidas draconianas de austeridad para convencer a la troika de que reanude rápidamente las discusiones.

22 de septiembre
Seis países del G20 escriben una carta a Nicolas Sarkozy en la que invitan a los gobiernos europeos a reaccionar rápidamente ante la crisis y a acelerar la puesta en marcha de las medidas decididas el 21 de julio. En un comunicado, los países del G20 anuncian que el FEEF va a flexibilizarse antes de su próxima reunión en noviembre.

31 de octubre
Fin del mandato de Jean-Claude Trichet en el BCE. Es sustituido por Mario Draghi, ex gobernador del Banco Central italiano.

AGRADECIMIENTOS

Numerosos son los que, por amistad, me han leído y criticado cuando este libro era sólo un esbozo. Quiero mencionar aquí a Agnès Bénassy-Quéré, Laurence Boone, Julia Chardavoine, Élie Cohen, Thomas Hanke, Pierre Jaillet, Mario Nava, Thierry Pech, André Sapir, Shahin Vallée, François Villeroy de Galhau y Jakob von Weizsäcker. Por sus investigaciones y sus observaciones, que me han ayudado a ser preciso, y por haber aceptado encargarse de la cronología y el glosario, Christophe Gouardo merece una especial gratitud. Y doy también las gracias a Silvia Merler por haberme ayudado en la búsqueda de fuentes y datos. He tenido la gran suerte de que Olivier Nora y Sophie de Closets aceptaran de buenas a primeras la apuesta de una edición rápida, y soportaran luego ecuánimemente las consecuencias de una generosa decisión. Finalmente, no tendré la hipocresía de pedir perdón a Madeleine, Clara e Isaure por haberme lanzado a ese proyecto en el lindero de las vacaciones, pero quiero decirles que su apoyo, sus aportaciones y sus críticas me han ayudado mucho a llevarlo a cabo.